AF204167

Super M

Arbeitsheft

3

Herausgegeben von
Ursula Manten

Erarbeitet von
Ursula Manten
Ariane Ranft
Gabi Viseneber

Illustrationen von
Eve Jacob
Martina Leykamm
Dorothee Mahnkopf

 Deine **interaktiven Gratis-Übungen** findest du hier:

1. Gehe auf scook.de.
2. Gib den unten stehenden Zugangscode in die Box ein.
3. Hab viel Spaß mit deinen Gratis-Übungen.

Dein Zugangscode auf
www.scook.de | 4k4cw-5mw78

Cornelsen

Inhalt

Wie rechnest du?

① a) 3 9 + 2 4 = b) 6 5 + 2 9 = c) 5 8 + 3 4 =

② a) 7 2 − 2 6 = b) 8 4 − 3 7 = c) 9 1 − 4 2 =

③ a) 45 + 28 = _____ b) 18 + 59 = _____ c) 73 − 36 = _____ d) 46 − 17 = _____

57 + 29 = _____ 76 + 24 = _____ 54 − 28 = _____ 65 − 19 = _____

39 + 24 = _____ 66 + 28 = _____ 81 − 42 = _____ 95 − 57 = _____

68 + 22 = _____ 38 + 49 = _____ 62 − 33 = _____ 82 − 37 = _____

26　29　29　37　38　39　45　46　63　73　77　83　86　87　90　94　100

④ Zahlenmauern

a)

17	19	23

b)

	97	
	48	
19		

c)

	85	
		37
	23	

d)

	100	
	47	
		19

e)

9	26	18

f)

	92	
39		
	27	

⑤ Rechne aus. Schreibe eine eigene Tabelle mit Additionsaufgaben.

a)
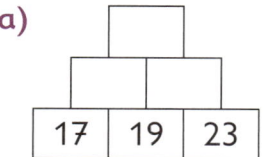

+	27	48	59	65
15				
25				
35				

b)
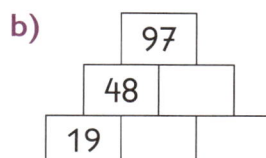

+				49
27	73			
38		85		
49			97	

c)
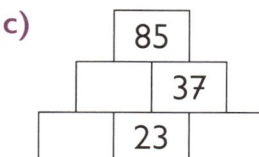

+				

⑥ Rechne aus. Schreibe eine eigene Tabelle mit Subtraktionsaufgaben.

a)
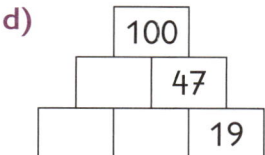

−	16	26	36	46
84				
92				
71				

b)
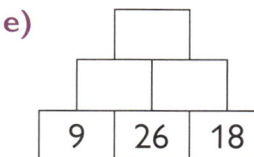

−	28			
62		24		
74			26	
85				27

c)

−				

Einmaleins

① Rechne schnell.

4 · 2 =	4 · 7 =	4 · 4 =	4 · 8 =	3 · 7 =
3 · 5 =	5 · 5 =	9 · 4 =	6 · 3 =	7 · 5 =
1 · 3 =	3 · 9 =	3 · 6 =	4 · 6 =	3 · 3 =
8 · 6 =	7 · 6 =	3 · 9 =	2 · 9 =	9 · 9 =
7 · 2 =	2 · 5 =	7 · 7 =	5 · 8 =	6 · 5 =

3 5 8 9 10 14 15 16 18 18 18 21 24 25 27 27 28 30 32 35 36 40 42 48 49 81

② Welche Einmaleinsreihe? Male jeweils die fehlenden Ergebniszahlen an.

a)

1	2	3	4	5	6	7	8	9	10
11	12	13	14	15	16	17	18	19	20
21	22	23	24	25	26	27	28	29	30
31	32	33	34	35	36	37	38	39	40
41	42	43	44	45	46	47	48	49	50
51	52	53	54	55	56	57	58	59	60
61	62	63	64	65	66	67	68	69	70
71	72	73	74	75	76	77	78	79	80
81	82	83	84	85	86	87	88	89	90
91	92	93	94	95	96	97	98	99	100

Einmaleins zur ☐

b)

1	2	3	4	5	6	7	8	9	10
11	12	13	14	15	16	17	18	19	20
21	22	23	24	25	26	27	28	29	30
31	32	33	34	35	36	37	38	39	40
41	42	43	44	45	46	47	48	49	50
51	52	53	54	55	56	57	58	59	60
61	62	63	64	65	66	67	68	69	70
71	72	73	74	75	76	77	78	79	80
81	82	83	84	85	86	87	88	89	90
91	92	93	94	95	96	97	98	99	100

Einmaleins zur ☐

c)

1	2	3	4	5	6	7	8	9	10
11	12	13	14	15	16	17	18	19	20
21	22	23	24	25	26	27	28	29	30
31	32	33	34	35	36	37	38	39	40
41	42	43	44	45	46	47	48	49	50
51	52	53	54	55	56	57	58	59	60
61	62	63	64	65	66	67	68	69	70
71	72	73	74	75	76	77	78	79	80
81	82	83	84	85	86	87	88	89	90
91	92	93	94	95	96	97	98	99	100

Einmaleins zur ☐

d)

1	2	3	4	5	6	7	8	9	10
11	12	13	14	15	16	17	18	19	20
21	22	23	24	25	26	27	28	29	30
31	32	33	34	35	36	37	38	39	40
41	42	43	44	45	46	47	48	49	50
51	52	53	54	55	56	57	58	59	60
61	62	63	64	65	66	67	68	69	70
71	72	73	74	75	76	77	78	79	80
81	82	83	84	85	86	87	88	89	90
91	92	93	94	95	96	97	98	99	100

Einmaleins zur ☐

e)

1	2	3	4	5	6	7	8	9	10
11	12	13	14	15	16	17	18	19	20
21	22	23	24	25	26	27	28	29	30
31	32	33	34	35	36	37	38	39	40
41	42	43	44	45	46	47	48	49	50
51	52	53	54	55	56	57	58	59	60
61	62	63	64	65	66	67	68	69	70
71	72	73	74	75	76	77	78	79	80
81	82	83	84	85	86	87	88	89	90
91	92	93	94	95	96	97	98	99	100

Einmaleins zur ☐

f)

1	2	3	4	5	6	7	8	9	10
11	12	13	14	15	16	17	18	19	20
21	22	23	24	25	26	27	28	29	30
31	32	33	34	35	36	37	38	39	40
41	42	43	44	45	46	47	48	49	50
51	52	53	54	55	56	57	58	59	60
61	62	63	64	65	66	67	68	69	70
71	72	73	74	75	76	77	78	79	80
81	82	83	84	85	86	87	88	89	90
91	92	93	94	95	96	97	98	99	100

Einmaleins zur ☐

③ Rechne und trage ein. Erfinde eine eigene Tabelle.

a)

·	2			7	9
4	12				
6		30			
					18

Das ist meine Tabelle!

b)

·	5	7		8	
	25				
7		42		70	
		14			

c)

·	0		6	8	
6		24			
8				72	
0					

·					

① Rechne mit Probe.

a)
5 6 : 8 =		· 8 = 5 6
6 3 : 9 =		· 9 =
3 5 : 7 =		· 7 =
3 6 : 6 =		· 6 =
1 8 : 2 =		· 2 =
2 7 : 3 =		· 3 =
5 4 : 6 =		· 6 =
3 0 : 5 =		· 5 =

b)
8 1 : 9 =		· 9 = 8 1
4 2 : 7 =		· 7 =
4 0 : 5 =		· 5 =
2 4 : 3 =		· 3 =
1 0 : 1 =		· 1 =
1 2 : 2 =		· 2 =
3 2 : 4 =		· 4 =
2 4 : 6 =		· 6 =

② Super-Päckchen

a)
| 1 5 : 3 = |
| 2 0 : 4 = |
| 2 5 : 5 = |
| : = |
| : = |
| : = |

b)
| 4 : 2 = |
| 9 : 3 = |
| 1 6 : = |
| : = |
| : = |
| : = |

③ Fülle die Tabellen aus.

a)
:	4	6
12		
24		
36		

b)
:	4	8
16		
24		
32		
40		
48		

④ Rechne mit Probe.

6 1 : 7 =	R	· 7 +	= 6 1
2 1 : 4 =		· +	=
3 8 : 5 =		· +	=
2 9 : 3 =		· +	=
1 7 : 2 =		· +	=
5 4 : 8 =		· +	=

Der Rest muss immer kleiner sein als die Zahl, durch die geteilt wird.

Marlene

⑤ a) An wie viele Kinder kannst du 36 Bonbons gerecht verteilen, ohne dass ein Bonbon übrig bleibt?

b) Zu einem Kartenspiel gehören 32 Karten. Alle Karten werden verteilt. Jeder Spieler bekommt gleich viele Karten. Wie viele können mitspielen?

⑥ Tina verteilt 32 Bonbons an 7 Kinder. Wie viele Bonbons bekommt jedes Kind? Wie groß ist der Rest?

Jedes Kind bekommt _____ Bonbons.

Als Rest bleiben _____ Bonbons.

⑦ Schreibe eine eigene Aufgabe.

Geometrie

① Schau dir das Bild genau an.

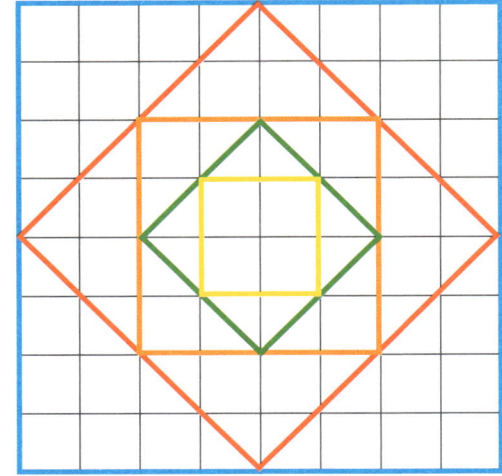

a) Vervollständige die Aussagen.

<u>Das grüne Quadrat</u> ist halb so groß wie _____ .

_____ ist halb so groß wie _____ .

_____ ist doppelt so groß wie _____ .

_____ ist viermal so groß wie _____ .

b) Wie oft passen die verschiedenen Quadrate
   in das blaue Quadrat?

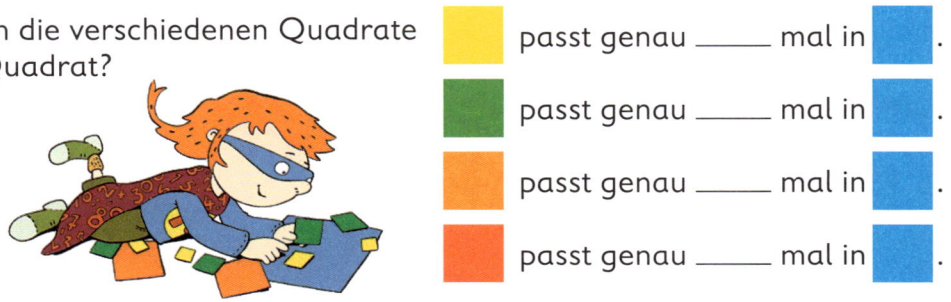

② Übe das Zeichnen von einfachen Grundformen. Wähle aus.
   • ein Rechteck   • ein Rechteck, das auf der kurzen Seite steht   • ein Quadrat
   • ein Dreieck, das aussieht wie ein halbes Quadrat   • ein Quadrat, das auf der Spitze steht
   • ein Quadrat und ein Dreieck, die zusammen wie ein Haus aussehen
   • ein Rechteck, das aus zwei gleich großen Quadraten besteht

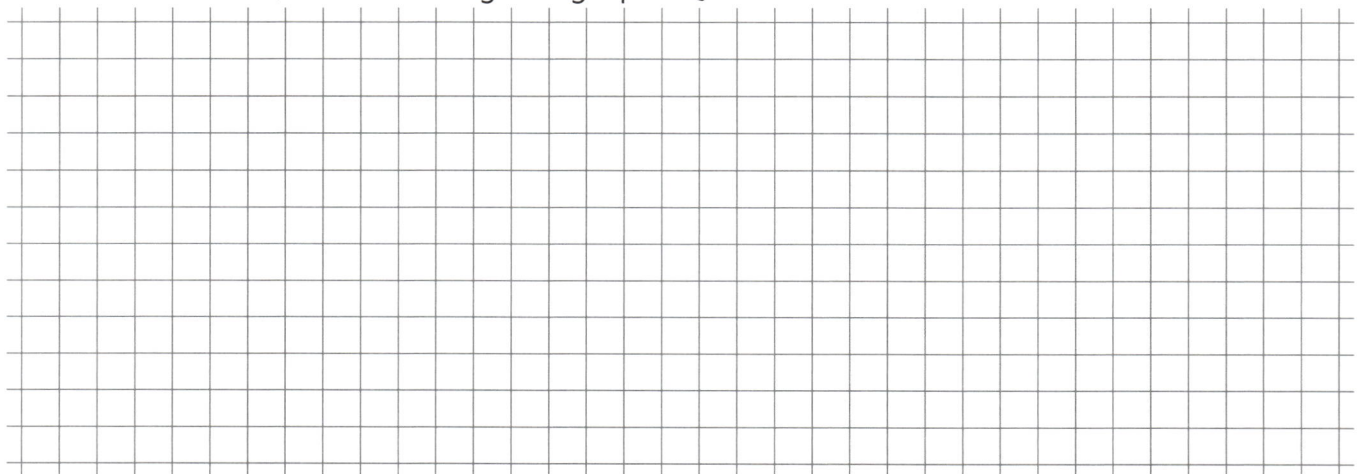

SB ▶ 10/11   E ▶ 5   A ▶ 5

① Anne hat heute von 15.00 Uhr bis 16.30 Uhr Judotraining.
Der Weg zur Halle dauert 25 Minuten. Zum Umkleiden benötigt sie 10 Minuten.

a) Wann muss sie spätestens losgehen, um genügend Zeit für den Weg
und das Umkleiden zu haben?

Das weiß ich schon: _____

Das will ich wissen: Wann muss sie spätestens losgehen?

So finde ich das heraus:

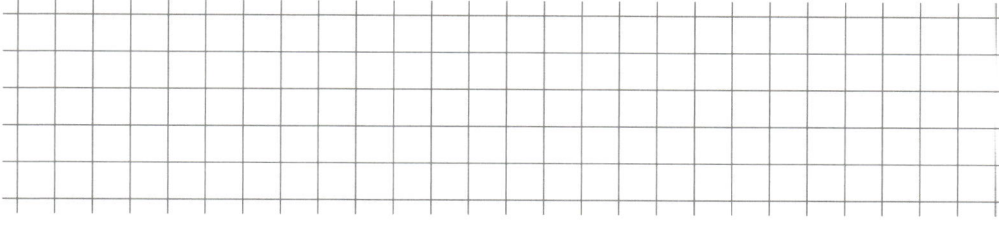

Das weiß ich jetzt: _____

b) Nach dem Training besucht Anne noch für 30 Minuten
ihre kranke Freundin Naomi. Wann ist sie frühestens zu Hause?

Das will ich wissen: _____

So finde ich das heraus:

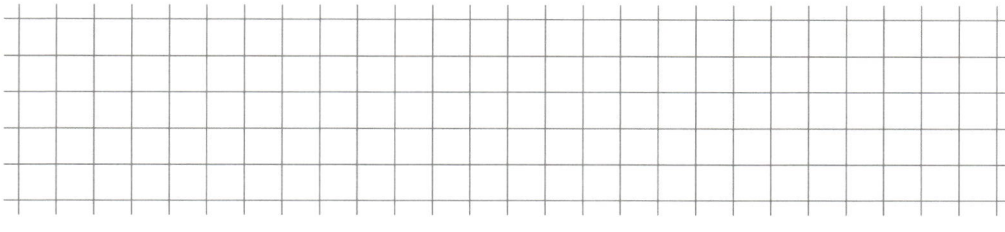

Das weiß ich jetzt: _____

② In 2 Netzen sind 18 Orangen. Fülle die Tabelle aus.

Netze	2						
Orangen	18						

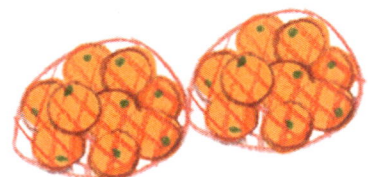

③ Finde die Antworten mit Hilfe der Tabelle. Schreibe sie auf.

Wie viele Orangen?
a) Tom kauft 4 Netze. _____
b) Maria kauft 7 Netze. _____
c) Nele kauft 6 Netze. _____

Wie viele Netze?
d) Lena kauft 45 Orangen. _____
e) Vedat kauft 27 Orangen. _____
f) Jan kauft 72 Orangen. _____

Die Zahlen bis 1000

① Wie viele? Schreibe in die Stellentafel.

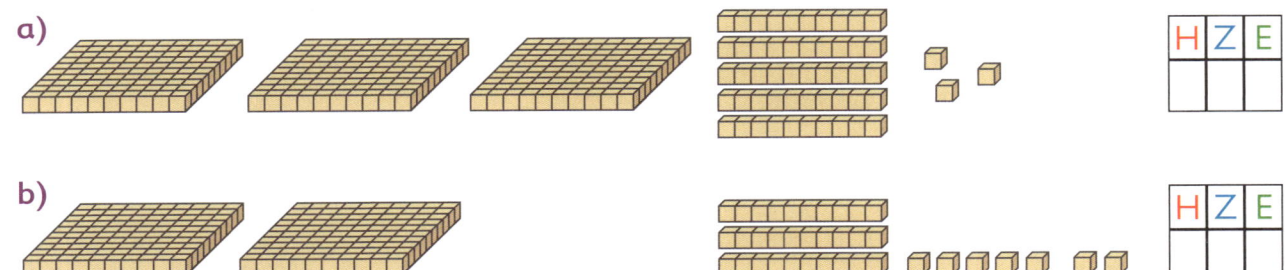

a)

H	Z	E

b)

H	Z	E

② Schreibe in die Stellentafel.

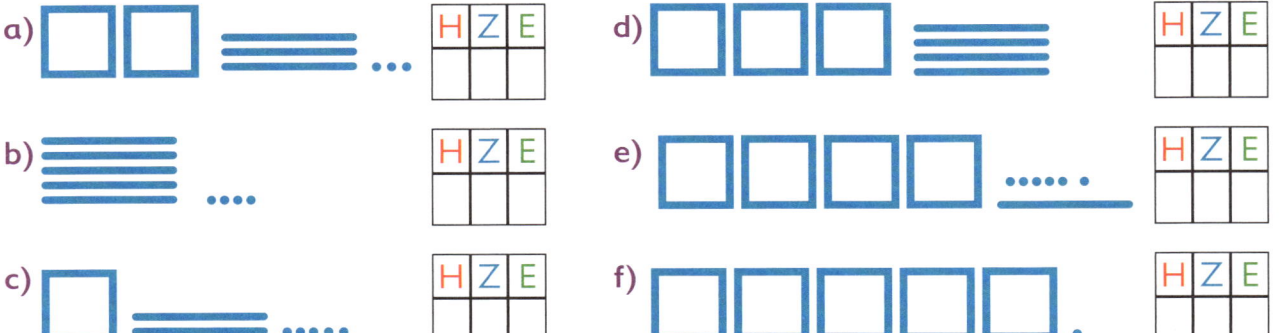

a)

H	Z	E

b)

H	Z	E

c)

H	Z	E

d)

H	Z	E

e)

H	Z	E

f)

H	Z	E

③ Zeichne die Zahlbilder.

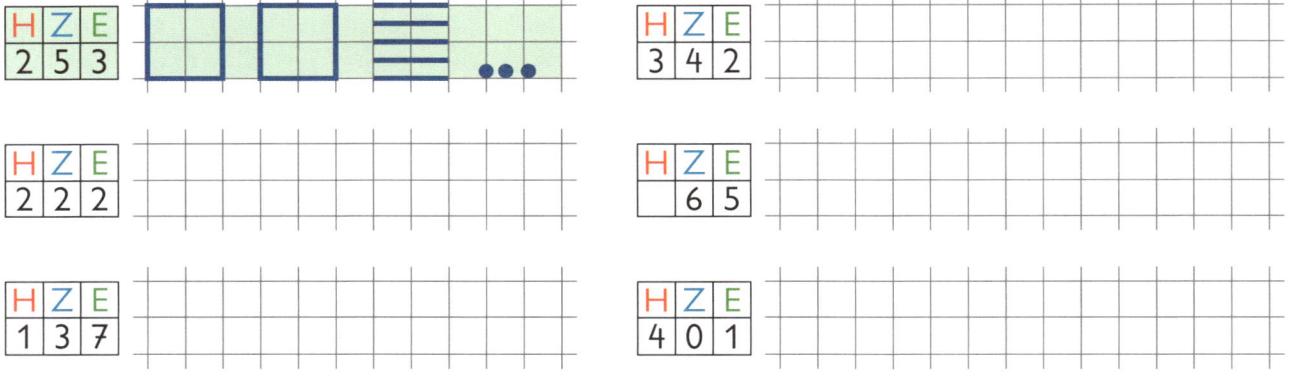

H	Z	E
2	5	3

H	Z	E
3	4	2

H	Z	E
2	2	2

H	Z	E
	6	5

H	Z	E
1	3	7

H	Z	E
4	0	1

④ Schreibe als Plusaufgabe.

$7\ 9\ 3 = 7\ 0\ 0 + 9\ 0 + 3$

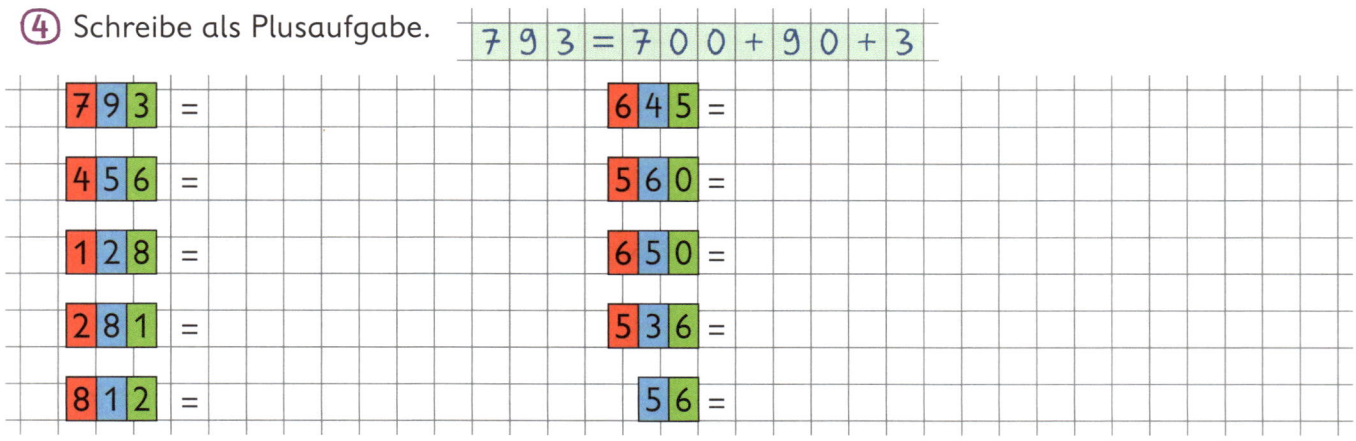

7 9 3 =

4 5 6 =

1 2 8 =

2 8 1 =

8 1 2 =

6 4 5 =

5 6 0 =

6 5 0 =

5 3 6 =

5 6 =

SB▶14/15 E▶7 A▶7

① Trage in die Stellentafel ein.

a)

H	Z	E

b)

H	Z	E

② Ergänze die fehlenden Darstellungen.

Stellen-tafel	Zahlbild	Additionsaufgabe
H Z E 7 5 6	☐ ☐ ☐ ☐ ☐ ☐ ☐ ≡≡≡≡≡	7 0 0 + 5 0 + 6
H Z E 6 7 9		
H Z E 	☐ ☐ ☐ ☐ ☐ ≡≡≡≡ ≡≡	
H Z E 		4 0 0 + 7 0 + 8
H Z E 		

③ Schreibe die Zahl.

zweihundertfünfundsechzig $\boxed{2\,|\,6\,|\,5}$

siebenhundertdreiundfünfzig ☐☐☐

vierhundertachtunddreißig ☐☐☐

dreihundertsechsundzwanzig ☐☐☐

fünfhundertneunzig ☐☐☐

vierhundertdreiundachtzig ☐☐☐

sechshundertneunundfünfzig ☐☐☐

neunhundertfünf ☐☐☐

einhundertvierundvierzig ☐☐☐

achthundertsechsundsiebzig ☐☐☐

④ Ergänze zum nächsten Hunderter.

a) 180 + ___ = ____

150 + ___ = ____

120 + ___ = ____

b) 610 + ___ = ____

430 + ___ = ____

560 + ___ = ____

c) 870 + ___ = ____

250 + ___ = ____

760 + ___ = ____

d) 990 + ___ = ____

970 + ___ = ____

920 + ___ = ____

Zahlen bis 1000 darstellen

① Ali legt immer drei Karten zu einer dreistelligen Zahl.
Er kann nur Zahlen zwischen 400 und 700 legen.
Die Zehnerziffern sind größer als 6.
Ali kann nur ungerade Zahlen legen.

a) Ergänze auf den Zahlenkarten die fehlenden Ziffern.

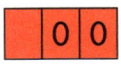 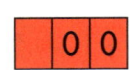      

b) Streiche die Zahlen, die Ali nicht legen kann.

| 487 | 565 | 678 | 589 | 776 | 383 | 493 | 659 | 375 | 458 |

| 559 | 679 | 491 | 587 | 676 | 769 | 465 | 595 | 688 | 389 |

c) Schreibe die drei größten und die drei kleinsten Zahlen auf, die Ali legen kann.

② Schreibe die Zahlen.

H	Z	E	Zahl

③ Finde alle Zahlen, die Nele mit 4 Plättchen legen kann.

a) Wie viele Zahlen sind es? _____

b) Schreibe die Zahlen nach der Größe geordnet auf.
Beginne mit der größten Zahl.

_____ _____ _____ _____ _____ _____

_____ _____ _____ _____

c) Wie groß ist der Unterschied zwischen der kleinsten und der größten Zahl?

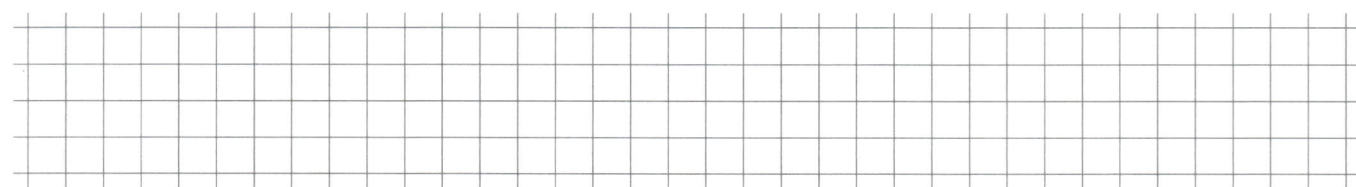

10

Zehn Hundertertafeln – eine Tausendertafel

① Wo liegen die Zahlen?

a) Färbe die entsprechenden
Kästchen gelb ein.

528	446	206	801	601	499
140	686	578	468	290	927
740	575	165	326	983	440

b) Schreibe die Zahlen zu den rot
gefärbten Kästchen nach der
Größe geordnet auf.
Beginne bei der kleinsten Zahl.

c) Welche Einerziffern kommen
nicht vor?

Einerziffern ☐ und ☐

② Die markierten Zahlen in den
Spalten ergeben nach der Größe
geordnet Zahlenfolgen.
Schreibe vier Zahlenfolgen auf.
Notiere zu jeder die Regel.

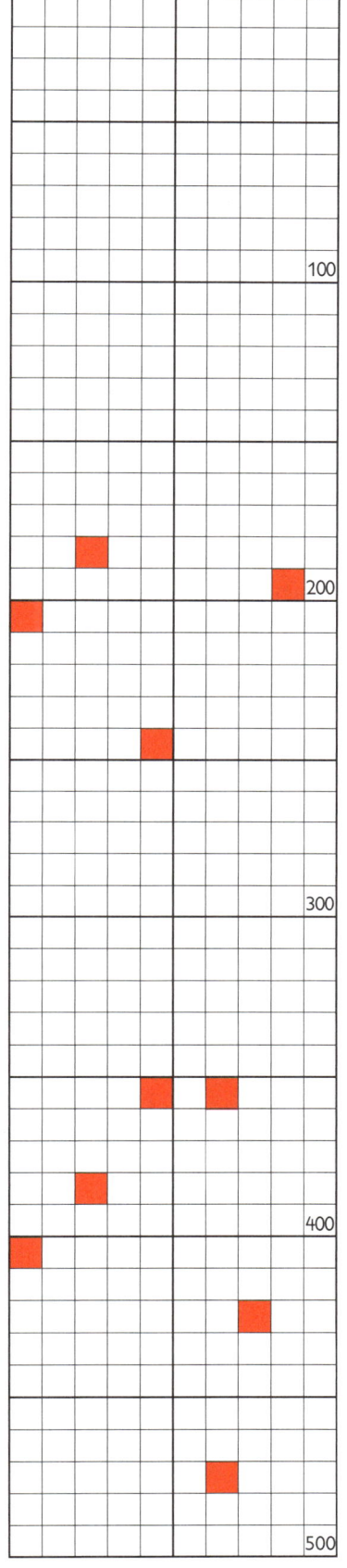

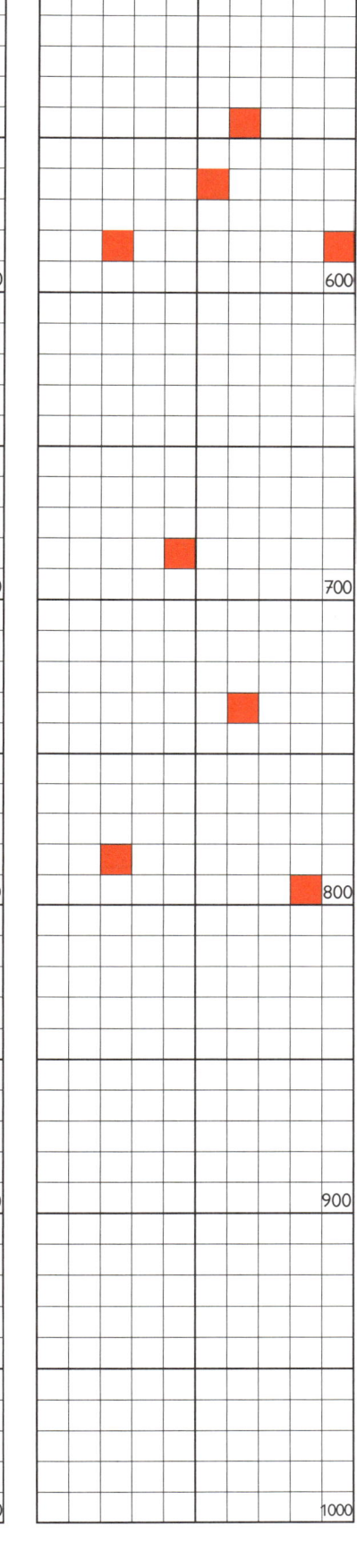

Der Zahlenstrahl

① Trage die fehlenden Zahlen ein.

a)

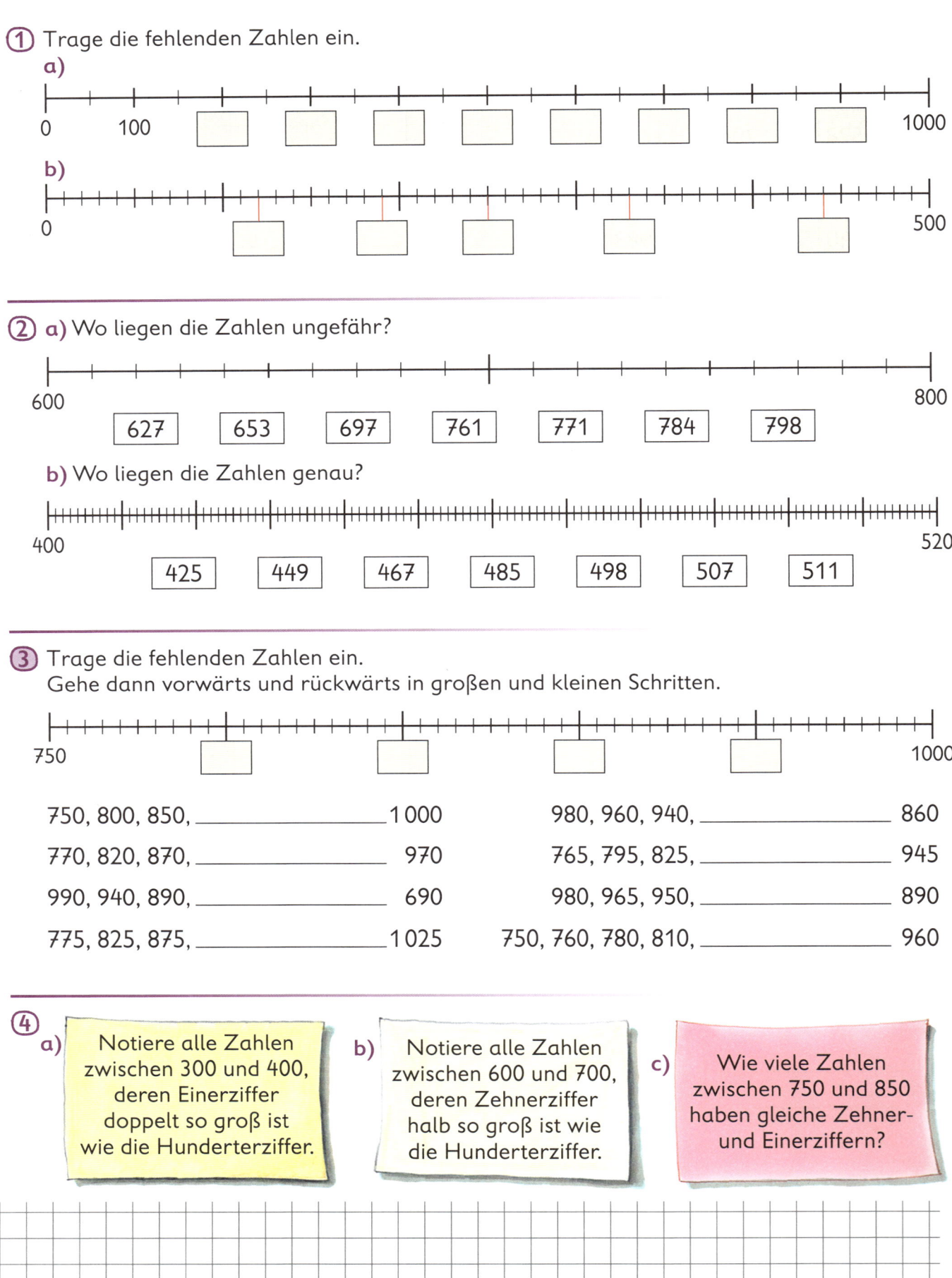

0 100 ☐ ☐ ☐ ☐ ☐ ☐ ☐ ☐ 1000

b)

0 ☐ ☐ ☐ ☐ ☐ 500

② a) Wo liegen die Zahlen ungefähr?

600 800

| 627 | 653 | 697 | 761 | 771 | 784 | 798 |

b) Wo liegen die Zahlen genau?

400 520

| 425 | 449 | 467 | 485 | 498 | 507 | 511 |

③ Trage die fehlenden Zahlen ein.
Gehe dann vorwärts und rückwärts in großen und kleinen Schritten.

750 ☐ ☐ ☐ ☐ 1000

750, 800, 850, _____ 1 000   980, 960, 940, _____ 860

770, 820, 870, _____ 970   765, 795, 825, _____ 945

990, 940, 890, _____ 690   980, 965, 950, _____ 890

775, 825, 875, _____ 1 025   750, 760, 780, 810, _____ 960

④ a) Notiere alle Zahlen zwischen 300 und 400, deren Einerziffer doppelt so groß ist wie die Hunderterziffer.

b) Notiere alle Zahlen zwischen 600 und 700, deren Zehnerziffer halb so groß ist wie die Hunderterziffer.

c) Wie viele Zahlen zwischen 750 und 850 haben gleiche Zehner- und Einerziffern?

① Setze m, cm oder mm ein.

a) Mein Mathematikbuch ist 21 _____ breit.

b) Mein Daumen ist 10 _____ breit.

c) Der Sportplatz ist 45 _____ breit und 90 _____ lang.

d) Die Tür ist 2 _____ hoch.   e) Das Lineal ist 32 _____ lang.

f) Mein neuer Stift ist ungefähr 180 _____ lang.

---

② Zeichne die Strecken und vervollständige die Tabelle.

a)	6,4 cm	6 cm 4 mm	64 mm
b)		mm	89 mm
c)	7 cm	mm	
d)		9 cm 5 mm	
e)		m	102 mm

a)
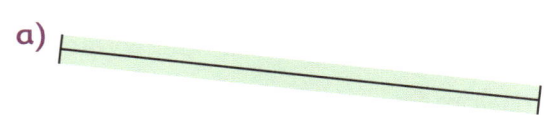

---

③ a) Ergänze, finde weitere richtige Aussagen.

Jan ist größer als Nina.
Paula ist kleiner als Noah.
Noah ist kleiner als Nina.

Jan ist _____ als Noah.

Paula ist _____ als Jan.

_____

_____

b) Wer ist wer?

| 1 m 24 cm | 1,38 m | 1 m 32 cm | 145 cm |

_____   _____   _____   _____

④ Wähle 2 oder 3 Kärtchen. Die Summe der Längen soll zwischen 12 cm und 15 cm liegen.

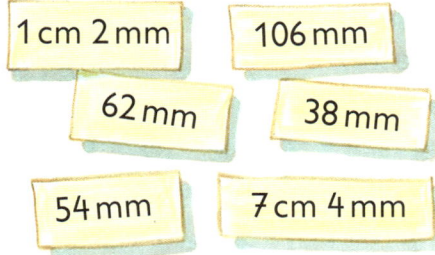

1 cm 2 mm   106 mm
62 mm   38 mm
54 mm   7 cm 4 mm

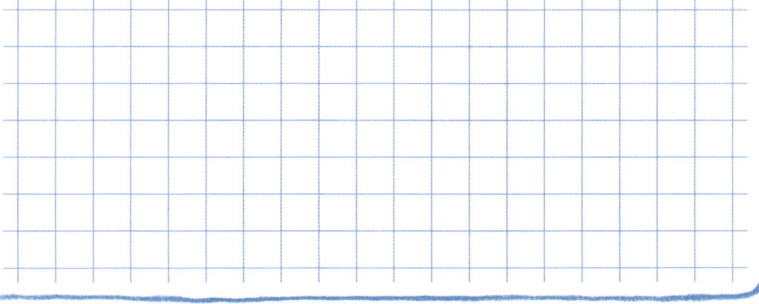

Längen – km, m

① Längenmaße können unterschiedlich geschrieben werden.
Schreibe die Längen mit Komma und ordne sie.

a) von groß nach klein   7 370 m

1 km 73 m   1 780 m

187 m   0 km 730 m

_____

b) von klein nach groß   5 km 900 m

5 041 m   951 m

9 km 541 m   5 090 m

_____

② Wie weit ist es
  a) vom Spielplatz zum Grillplatz?

  b) vom Schwimmbad vorbei an der Schule zum Grillplatz?

  c) vom Grillplatz durch den Wald vorbei am Fußballplatz zum Schwimmbad?

  d) vom Spielplatz auf dem kürzesten Weg zum Wald und weiter zum Fußballplatz?

③ Wie viel Zeit brauchen die Kinder?

  a) Fülle die Tabelle aus.

Strecke in km		1	2	3	4	5	6		
Zeit in Minuten	zu Fuß	16							
	mit dem Fahrrad	4							

  b) Berechne den Zeitbedarf. Die Tabelle kann helfen.

von der Schule zum Fußballplatz und weiter zum Schwimmbad	vom Schwimmbad vorbei an der Schule zum Wald	vom Grillplatz durch den Wald zum Fußballplatz	vom Wald über den Grillplatz zum Spielplatz

 _____    _____    _____    _____

14

SB ▶ 28/29   E ▶ 15   A ▶ 15

① Vergleiche.

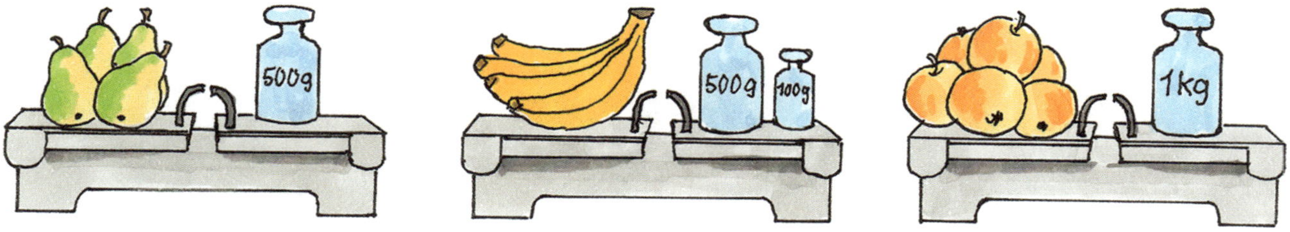
500g
500g
100g
1kg

schwerer als | gleich schwer | leichter als

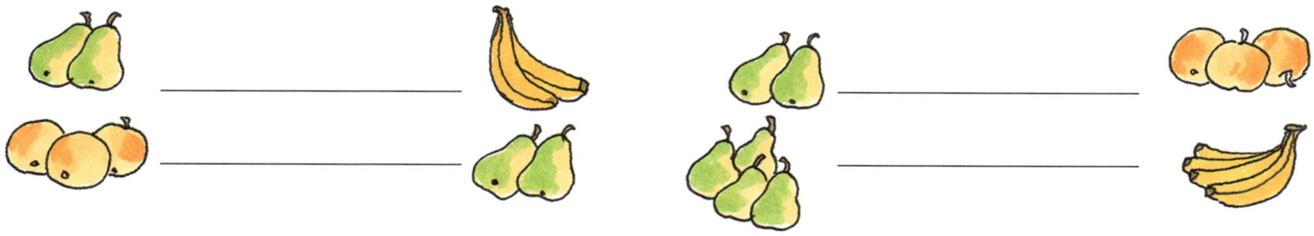

② Was kann jeweils auf der Waage liegen? Schreibe Zettel.

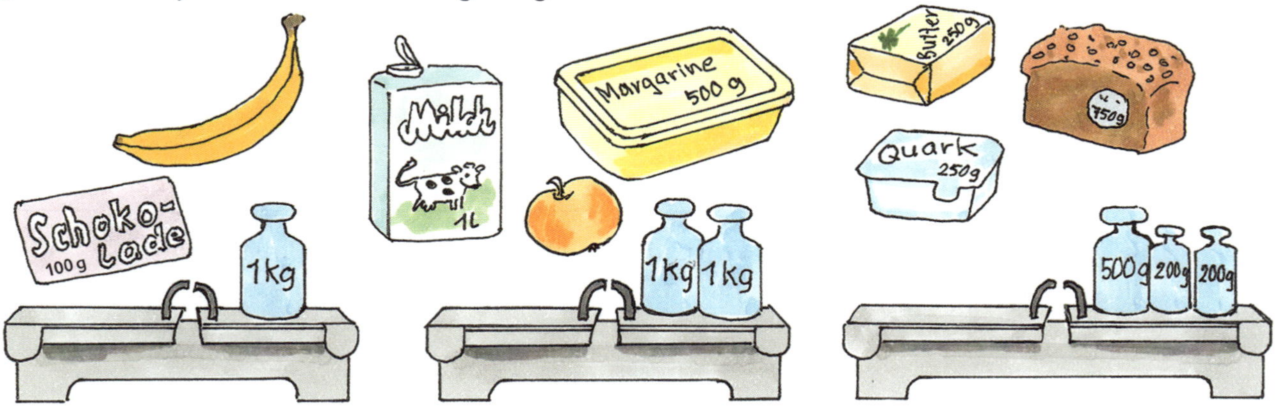
Schoko-Lade
100 g
1kg
Milch
1l
Margarine
500 g
1kg
1kg
Butter
250g
Quark
250g
750g
500g
200g
200g

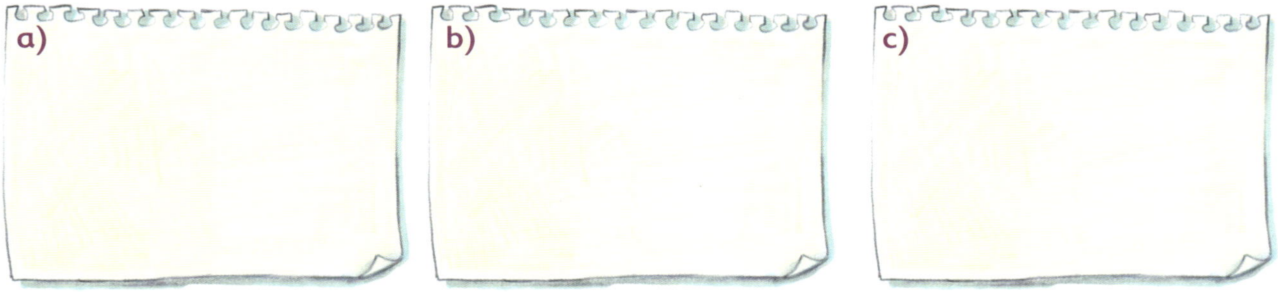
a)
b)
c)

③ Wie schwer?

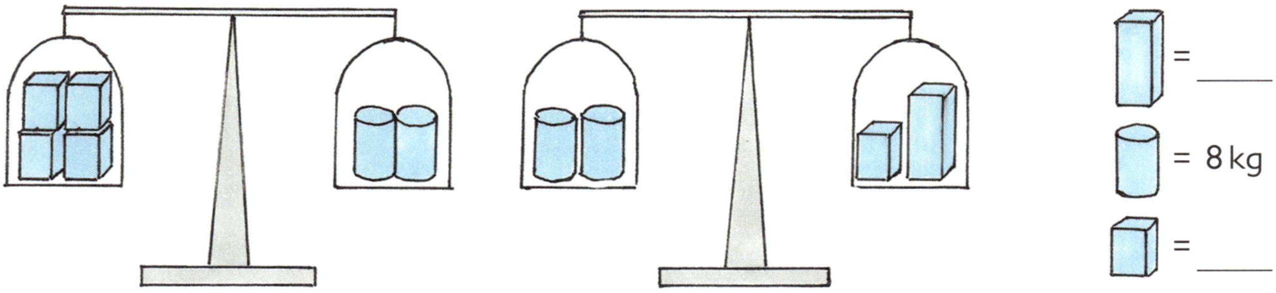
=
= 8 kg
=

Rechnen mit Gewichten

①

Traglast 9 kg

Traglast 14 kg

Notiere einen Einkauf,
den du in der Papiertüte
nach Hause tragen kannst.
Was kannst du einkaufen, wenn du eine Plastiktüte zur Verfügung hast?

Papiertüte: _____

_____

_____

Plastiktüte: _____

_____

_____

Manche Menschen benutzen beim Einkauf keine Papiertüten oder Plastiktüten.
Überlege und notiere, welche Gründe das wohl hat. Wie machst du es?

_____

_____

② Zusammen immer 1 kg.

100 g + _____ = 1 kg

600 g + _____ = 1 kg

800 g + _____ = 1 kg

275 g + _____ = 1 kg

890 g + _____ = 1 kg

439 g + _____ = 1 kg

③ Rechne um.

1 500 g = 1 kg   500 g = 1,500 kg

2 400 g = __ kg ____ g = _____ kg

_____ g = 3 kg   100 g = _____ kg

_____ g = 0 kg   600 g = _____ kg

_____ g = __ kg ____ g = 0,700 kg

_____ g = __ kg ____ g = 1,475 kg

159 g = __ kg ____ g = _____ kg

④ Ordne die Gewichtsangaben von schwer nach leicht.

2242 g	2 kg 2 g	40 kg 22 g

2424 g	0 kg 42 g	422 g

_____

SB ▶ 32/33 E ▶ 16 A ▶ 16

① Rechne und notiere die Antwort.

Im Kinosaal finden 830 Zuschauer Platz.

a) 480 Plätze sind schon besetzt. Wie viele freie Plätze gibt es im Moment?

b) 70 Karten sind vorbestellt. Wie viele Karten können noch verkauft werden?

c) Vor den beiden Kinokassen stehen noch 60 bzw. 70 Personen in der Warteschlange.

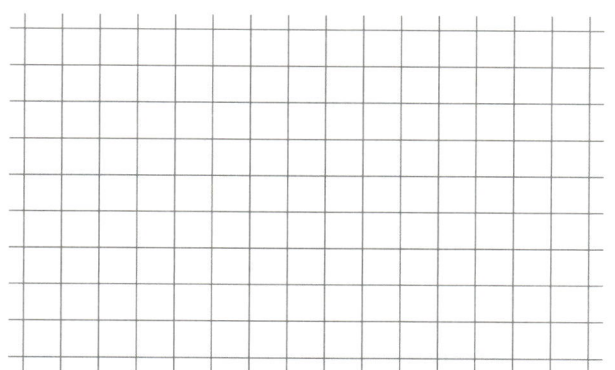

② Nutze die Veränderungen.

a) 20 + 40 = ____
420 + 40 = ____
424 + 40 = ____
424 + 44 = ____

b) 340 + 50 = ____
340 + 56 = ____
341 + 56 = ____
344 + 56 = ____

c) 461 + 20 = ____
471 + 26 = ____
491 + 27 = ____
493 + 27 = ____

d) 647 + 30 = ____
657 + 35 = ____
687 + 35 = ____
697 + 35 = ____

③ Rechne in Tabellen.

a)

+	30	40	70
530			
640			
860			

b)

+		60	
450	490		
630			710
		830	

c)

+	15	35	
			300
		500	
545			600

④ Rechne wie im Beispiel.

a)

7	5	2	+	1	3	9	=			
7	5	2	+	1	0	0	=	8	5	2
8	5	2	+		3	0	=	8	8	2
8	8	2	+			9	=			

b)
638 + 151 =

c)
719 + 187 =

⑤ a)

```
      850
   520 [ ]
270 [ ]  80
```

b)

```
      810
   [ ]  350
430 [ ]
```

c)

```
    [ ]
 390  250
[ ] [ ]
```

d)

```
      810
   [ ] [ ]
     145
```

Die Zahlenmauern ⓒ und ⓓ haben mehrere Lösungen. Finde zwei weitere.

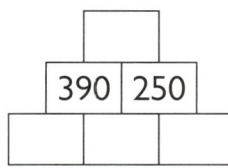

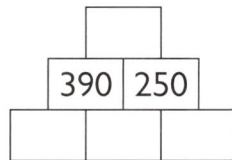

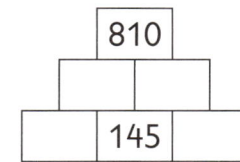

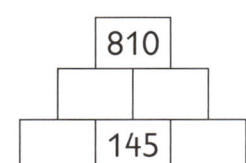

Addition mit großen Zahlen

① Rechne mit deinem Rechenweg.

a) 2 8 6 + 3 2 5 =

b) 4 2 7 + 1 9 9 =

c) 3 4 9 + 5 5 1 =

d) 6 2 8 + 2 5 7 =

e) 5 4 6 + 2 9 9 =

f) 4 6 6 + 2 3 3 =

② Rechne geschickt mit drei Summanden.

a) 265 + 325 + 135 = _____

163 + 415 + 385 = _____

b) 446 + 118 + 254 = _____

254 + 568 + 132 = _____

③ Auch hier kannst du geschickt rechnen. Notiere deine Zwischenschritte.

a) 2 9 9 + 4 9 9 + 1 9 9 =

b) 1 9 8 + 3 9 8 + 9 8 =

c) 9 7 + 1 9 7 + 5 9 7 =

d) 3 9 6 + 2 9 6 + 9 6 =

④ Diese Aufgaben kannst du im Kopf rechnen.

| 4 5 2 + 1 9 9 = |
| 5 0 1 + 2 6 7 = |
| 2 2 2 + 7 7 7 = |
| 1 2 2 + 5 4 4 = |

2 5 0 +	= 1 0 0 0
4 9 9 +	= 1 0 0 0
6 2 0 +	= 1 0 0 0
8 5 +	= 1 0 0 0

⑤ 227 + _____ + _____ = 999

227 + _____ + _____ = 999

227 + _____ + _____ = 999

227 + _____ + _____ = 999

Finde viele Möglichkeiten.

① Verschaffe dir einen Überblick durch Rechnen mit einfachen Zahlen.
Mache einen Überschlag, färbe passend ein.

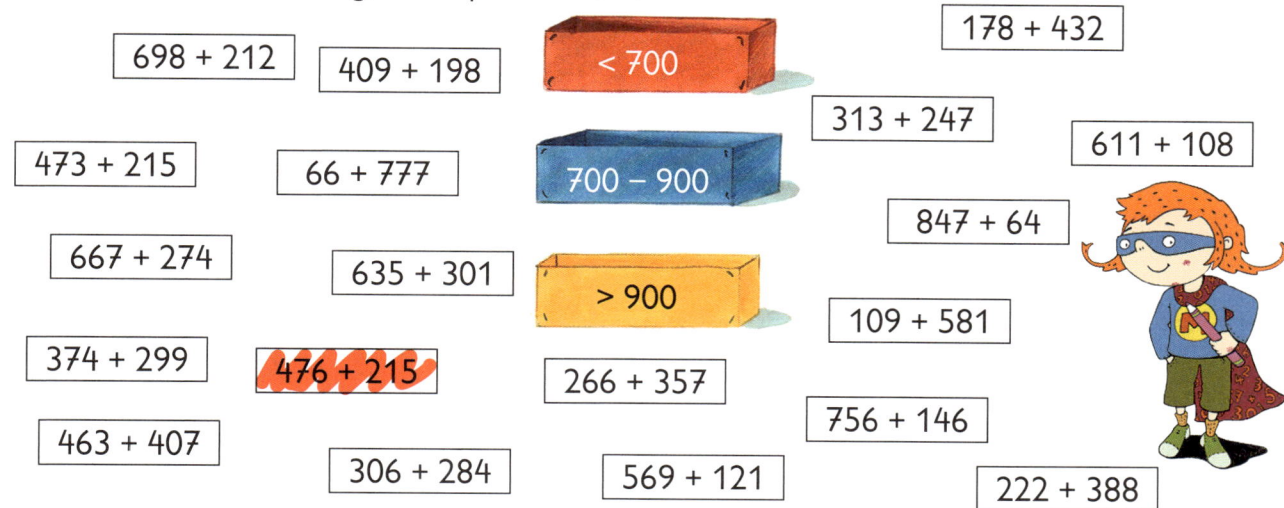

698 + 212   409 + 198   < 700   178 + 432
473 + 215   66 + 777   700 – 900   313 + 247   611 + 108
667 + 274   635 + 301   847 + 64
374 + 299   476 + 215   > 900   109 + 581
463 + 407   266 + 357   756 + 146
306 + 284   569 + 121   222 + 388

② Richtig oder falsch? Begründe falsche Aufgaben mit einem Überschlag.

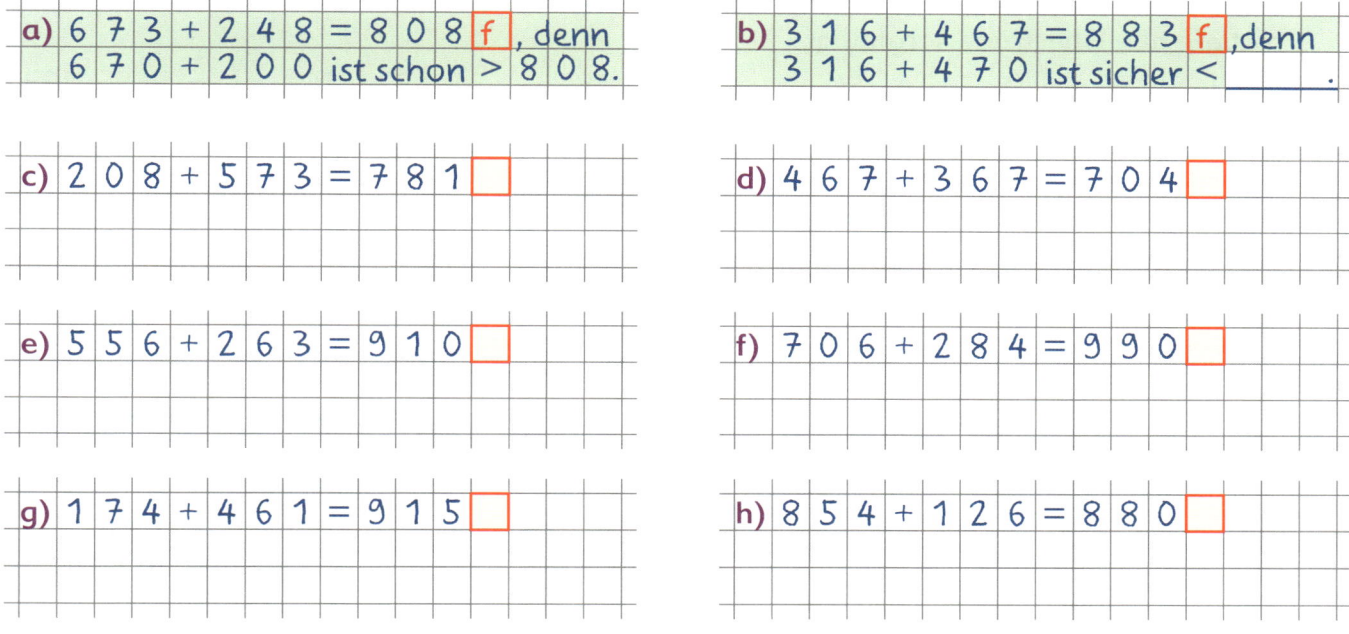

a) 673 + 248 = 808 [f], denn
670 + 200 ist schon > 808.

b) 316 + 467 = 883 [f], denn
316 + 470 ist sicher < ____.

c) 208 + 573 = 781 □

d) 467 + 367 = 704 □

e) 556 + 263 = 910 □

f) 706 + 284 = 990 □

g) 174 + 461 = 915 □

h) 854 + 126 = 880 □

③ Erst überschlagen, genau rechnen, dann prüfen.

a) 254 + 378 =

Ü: mehr als 600
254 + 378 =
254 + 300 =
+ 70 =
+ 8 =

b) 638 + 151 =

Ü:

c) 719 + 187 =

Ü:

Schriftlich addieren

Rechne. Notiere die Überträge.

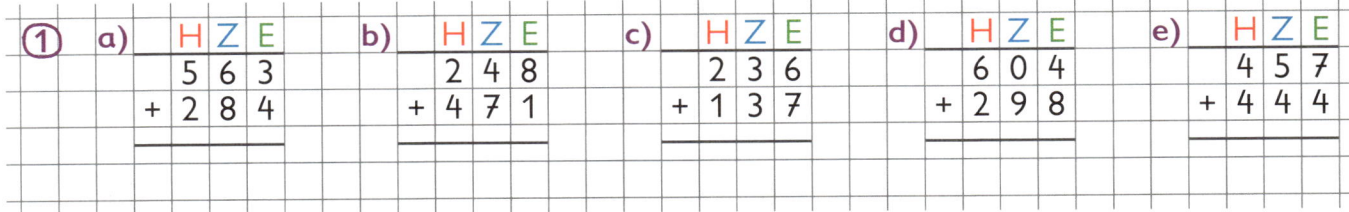

① a)
H	Z	E
5	6	3
+ 2	8	4

b)
H	Z	E
2	4	8
+ 4	7	1

c)
H	Z	E
2	3	6
+ 1	3	7

d)
H	Z	E
6	0	4
+ 2	9	8

e)
H	Z	E
4	5	7
+ 4	4	4

373   719   847   867   901   902

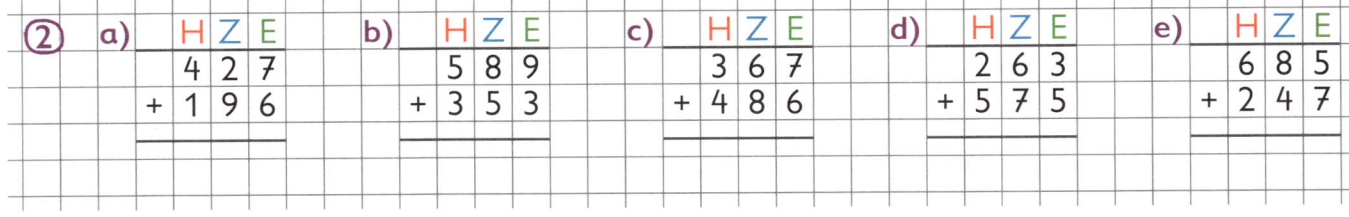

② a)
H	Z	E
4	2	7
+ 1	9	6

b)
H	Z	E
5	8	9
+ 3	5	3

c)
H	Z	E
3	6	7
+ 4	8	6

d)
H	Z	E
2	6	3
+ 5	7	5

e)
H	Z	E
6	8	5
+ 2	4	7

623   638   838   853   932   942

③ Schreibe stellengerecht untereinander und berechne durch schriftliches Addieren.
Notiere alle Überträge sorgfältig.

a) 436 + 345   b) 568 + 354   c) 809 + 184   d) 692 + 269   e) 709 + 199

f) 585 + 286   g) 465 + 397   h) 636 + 274   i) 208 + 693   j) 417 + 195

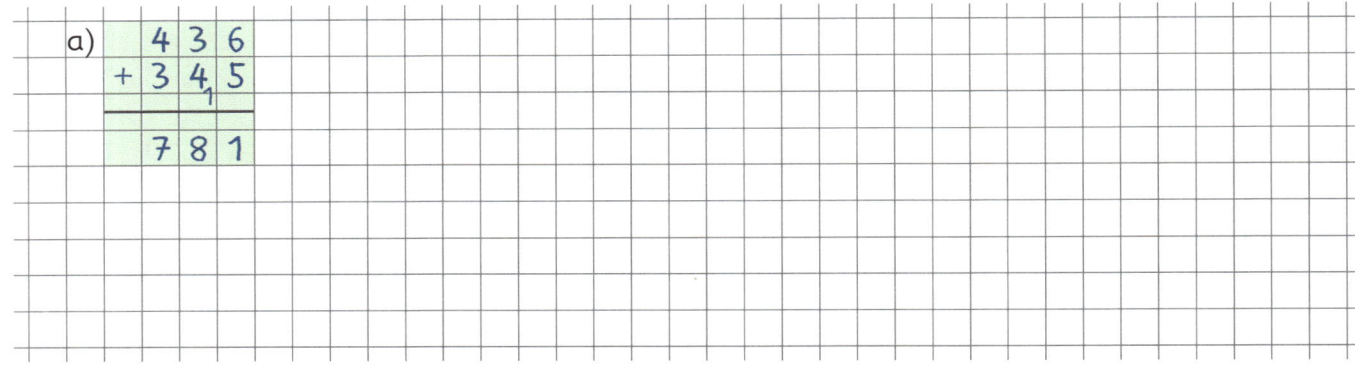

a)
	4	3	6
+	3	4	5
	7	8	1

612   781   851   862   871   901   908   910   922   961   993

④ Überschlage zuerst im Kopf, wie groß dein Ergebnis ungefähr wird.
Schreibe dann stellengerecht und addiere schriftlich.

a) 137 + 336   b) 683 + 235   c) 66 + 225   d) 608 + 283   e) 608 + 93

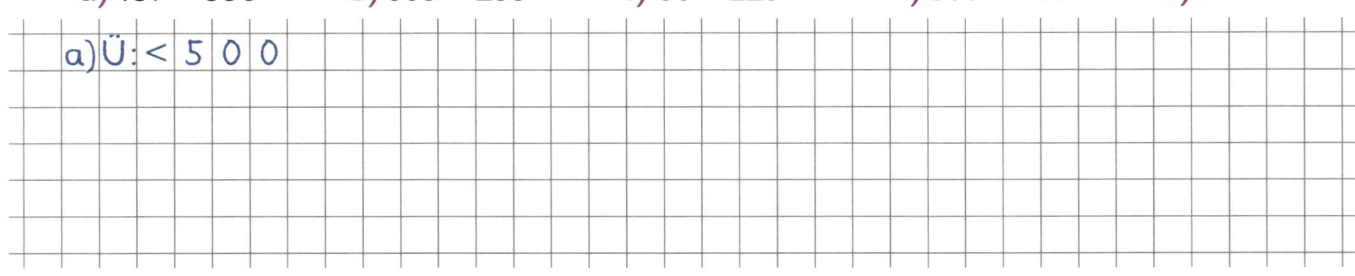

a) Ü: < 5 0 0

291   473   701   881   891   918

Schriftlich addieren üben

① Rechne wie im Beispiel.

H	Z	E
2	3	9
+4	1	5
+3	2	8
9	8	2

a)
H	Z	E
1	0	7
+3	4	8
+2	0	9

b)
H	Z	E
4	8	1
+1	7	0
+2	9	5

c)
H	Z	E
2	6	7
+3	7	9
+1	8	6

d)
H	Z	E
5	0	8
+1	9	0
+	7	9

e)
H	Z	E
5	8	9
+1	9	9
+1	7	9

664   777   832   946   967   982   994

② Richtig oder falsch? Welcher Zettel passt?

A Rechenfehler in der Einerstelle

B Rechenfehler in der Zehnerstelle

C Rechenfehler in der Hunderterstelle

D Übertrag zu viel

E Übertrag bei einer Stelle vergessen

F Immer Übertrag vergessen

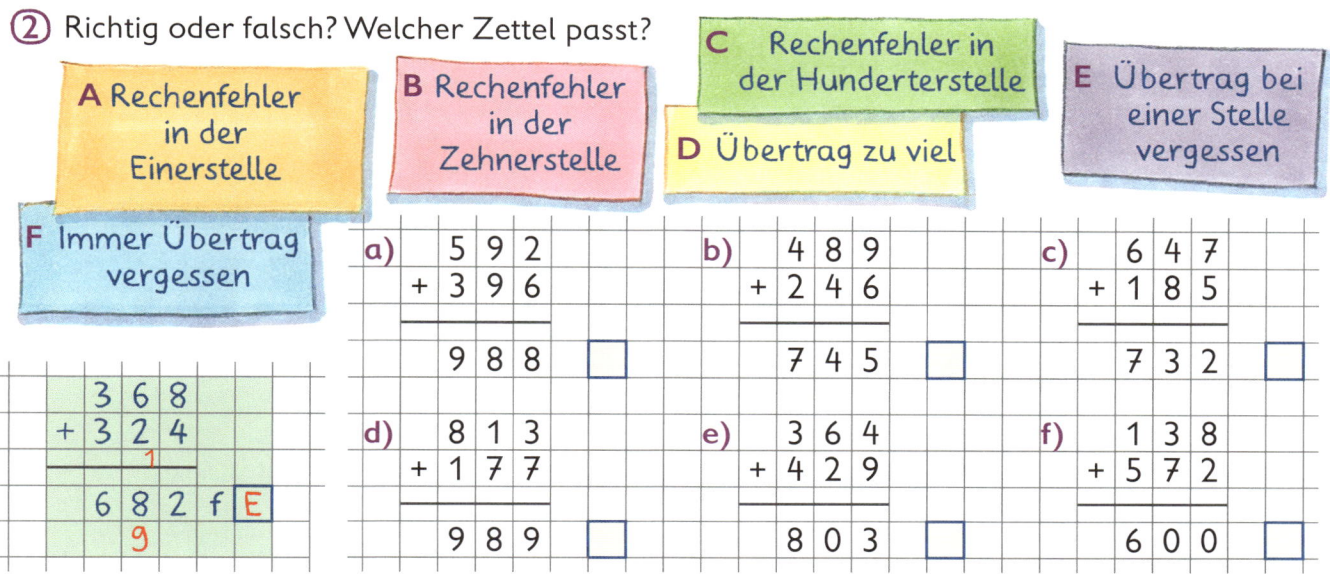

3 6 8	
+ 3 2 4	
6 8 2	f **E**

a)
```
  5 9 2
+ 3 9 6
  9 8 8  ☐
```

b)
```
  4 8 9
+ 2 4 6
  7 4 5  ☐
```

c)
```
  6 4 7
+ 1 8 5
  7 3 2  ☐
```

d)
```
  8 1 3
+ 1 7 7
  9 8 9  ☐
```

e)
```
  3 6 4
+ 4 2 9
  8 0 3  ☐
```

f)
```
  1 3 8
+ 5 7 2
  6 0 0  ☐
```

③ Ergänze fehlende Ziffern.
Bei **c)** und **d)** gibt es mehrere Lösungen. Notiere 2 weitere Lösungen.

a)
```
  3 6 _
+ 4 _ 8
  _ 3 2
```

b)
```
  4 _ 5
+ _ 2 _
  7 5 1
```

c)
```
  6 _ 4
+ 2 9 _
  _ _ 7
```

d)
```
  _ 5 9
+ 4 _ _
  8 _ 5
```

④ Finde viele Aufgaben.

```
  5 8        5 8        5 8        5 8
+   4      +   4      +   4      +   4
  9   5      9   5      9   5      9   5
```

Symmetrische Figuren

① Zeichne zu jedem Beispiel die Figur, die beim Faltschnitt entsteht.

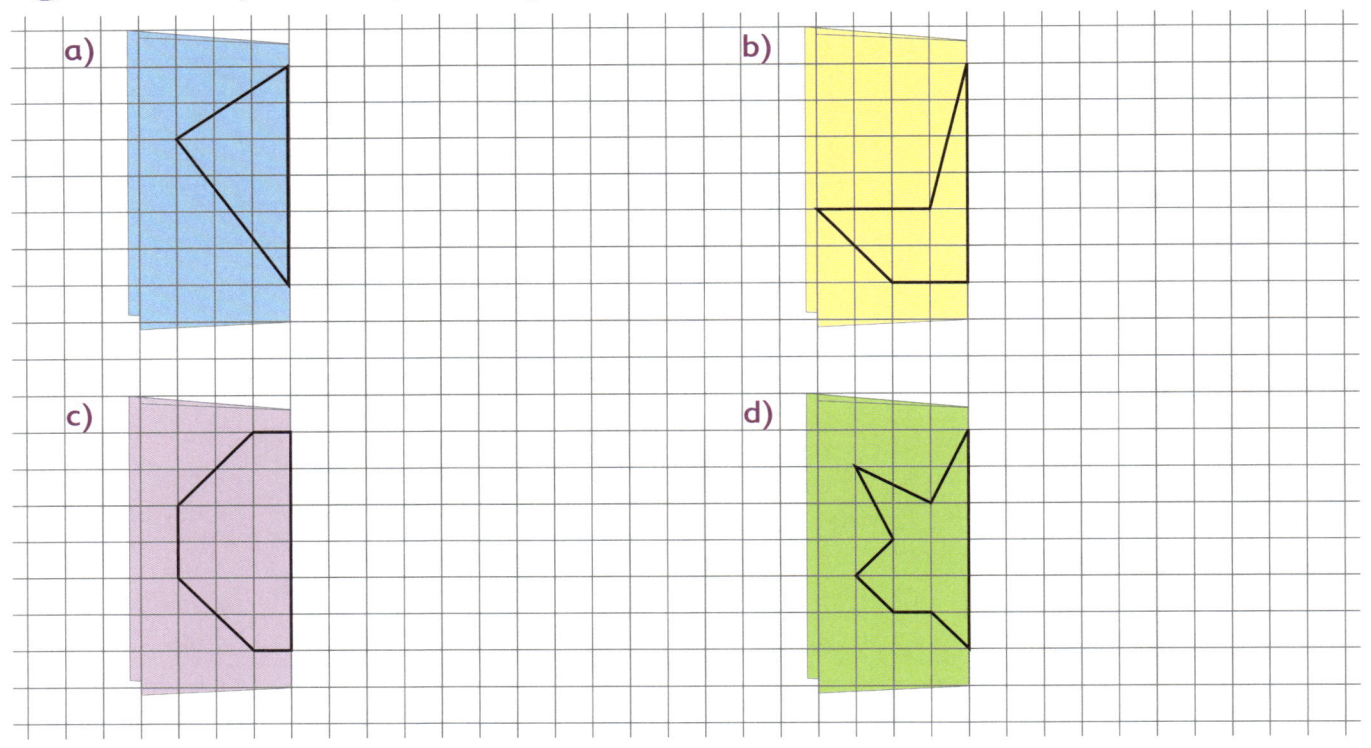

a)

b)

c)

d)

② Welche Faltung zeigt sofort, ob die Figur ein Quadrat oder ein Rechteck ist? Kreuze an.

③ Falte einen quadratischen Notizzettel

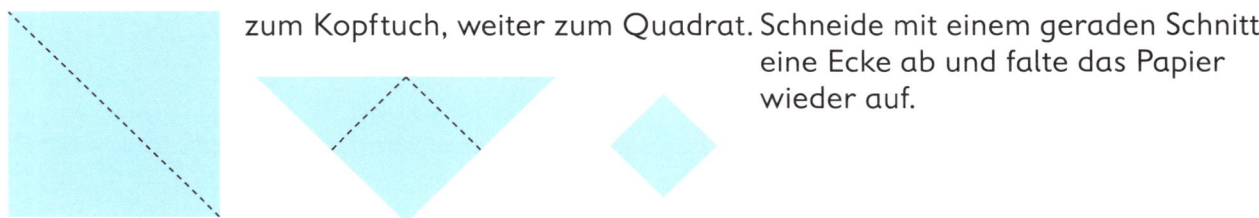

zum Kopftuch, weiter zum Quadrat. Schneide mit einem geraden Schnitt eine Ecke ab und falte das Papier wieder auf.

Welches Bild ist möglich? Gibt es eine Lösung oder verschiedene Möglichkeiten?

SB ▶ 44/45 E ▶ 22 A ▶ 22

Was ist im Spiegelbild gleich,
was ist anders?

 Eigenschaften

→ Formen bleiben gleich.
Quadrate werden als Quadrate,
Kreise als Kreise abgebildet.

→ Längen/Abstände bleiben gleich,
z.B. Körpergröße, Armlänge,
Entfernung Hand – Körper.

→ Das Bild ist spiegelverkehrt.
Rechts und links erscheinen
vertauscht.

① Immer genau ein Fehler. Kreise ein. Notiere.

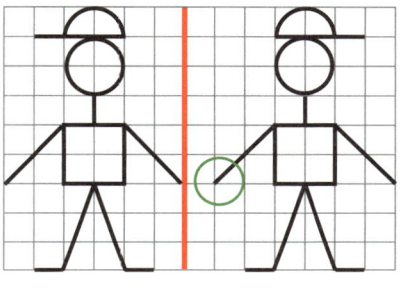

Abstand nicht gleich
_____

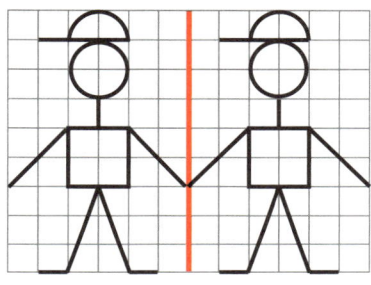

_____

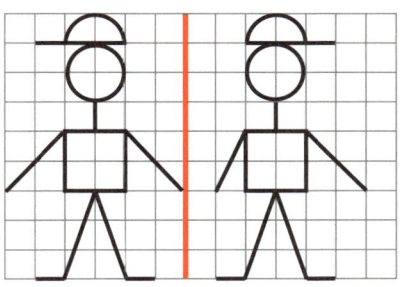

_____

_____

_____

② Zeichne das Spiegelbild.

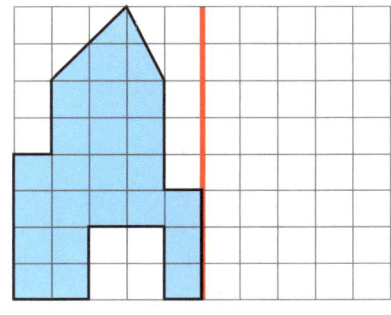

③ Verändere eine Teilfigur
so, dass das korrekte
Spiegelbild entsteht.
Zeichne.
Wie viele Punkte hast
du verlegt?

_____

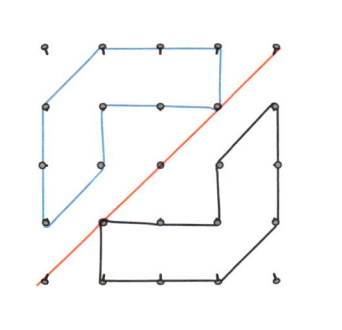

 SB▶46/47 E▶23 A▶23

Subtraktion mit großen Zahlen

① Rechne im Kopf. Nutze die einfache Aufgabe.

Wer zuerst die einfache Aufgabe im Kopf rechnet, weiß das Ergebnis schon.

a) 672 – 27 = _____
485 – 46 = _____
563 – 38 = _____
781 – 54 = _____
784 – 68 = _____
872 – 47 = _____

72 – 27

b) 965 – 59 = _____
694 – 75 = _____
478 – 39 = _____
681 – 76 = _____
864 – 48 = _____
752 – 36 = _____

② Rechne. Du kannst am Rechenstrich überlegen.

a) 583 – 47 = _____
675 – 56 = _____
781 – 44 = _____
464 – 36 = _____

b) 793 – 54 = _____
684 – 56 = _____
575 – 67 = _____
856 – 48 = _____

c) 753 – 37 = _____
862 – 25 = _____
981 – 66 = _____
592 – 46 = _____

d) 683 – 67 = _____
976 – 57 = _____
764 – 47 = _____
891 – 73 = _____

③ In Schritten immer sicher zum Ziel.

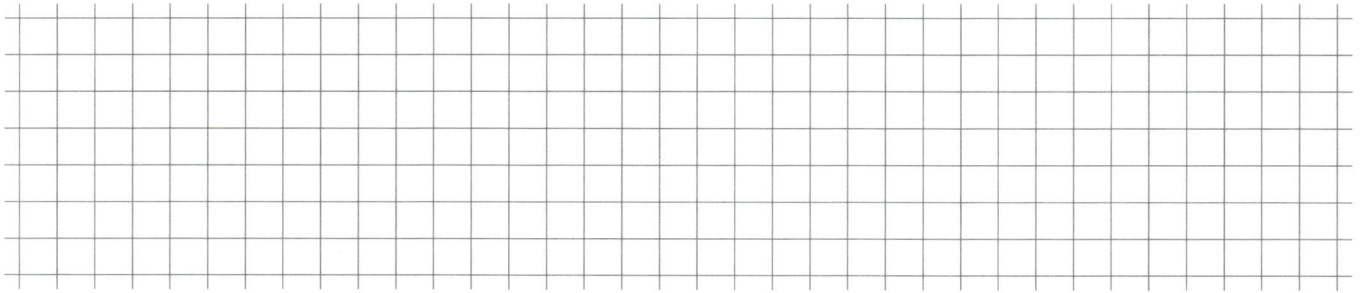

a) 4 7 2 – 6 6 =

b) 6 8 2 – 5 4 =

c) 8 9 5 – 7 8 =

d) 7 6 2 – 4 3 7 =

e) 9 5 3 – 6 2 8 =

④ Einfach ist oft die Lösung durch Ergänzen.

von 85 bis 100 = 15, dazu 520

a) 620 – 85 = _____
560 – 73 = _____
740 – 67 = _____
820 – 34 = _____

b) 457 – 68 = _____
721 – 79 = _____
817 – 31 = _____
526 – 49 = _____

SB ▶ 50   E ▶ 25   A ▶ 25

⑤ Einfach mit Hundertern rechnen, dann ausgleichen.

$\boxed{526 - 100 + 1}$

a) 526 − 99 = _____

673 − 99 = _____

712 − 99 = _____

485 − 99 = _____

b) 482 − 199 = _____

761 − 299 = _____

904 − 599 = _____

823 − 499 = _____

c) 423 − 98 = _____

681 − 297 = _____

807 − 498 = _____

712 − 595 = _____

---

⑥ a) 733 − 365 = _____

805 − 478 = _____

956 − 587 = _____

720 − 258 = _____

b) 572 − 388 = _____

632 − 466 = _____

706 − 578 = _____

824 − 787 = _____

Ich schau mir die Aufgaben genau an und rechne mal so, mal so.

37   128   166   184   237   327   368   369   462

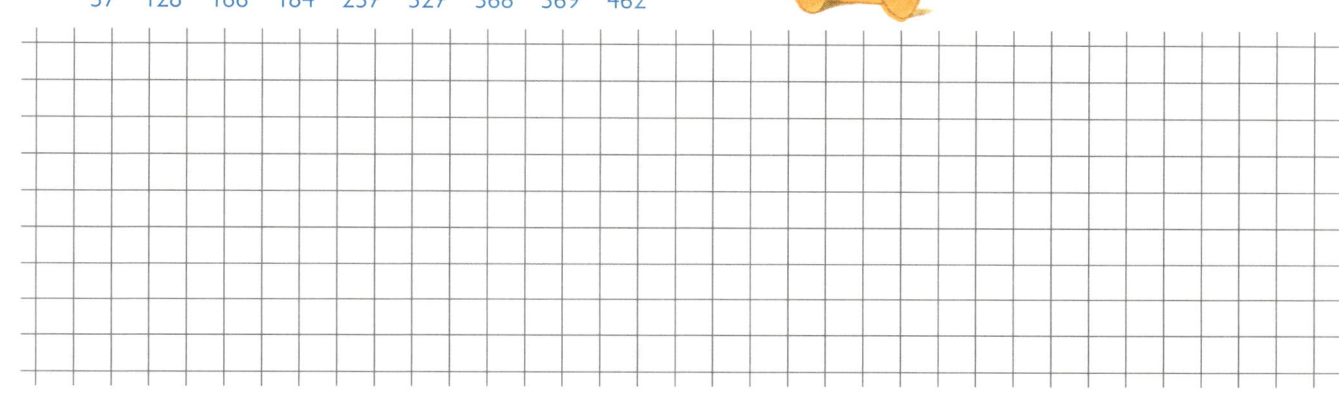

---

⑦ Wie rechnest du?

a) 75 − 36 = _____

657 − 84 = _____

652 − 78 = _____

525 − 87 = _____

b) 918 − 68 = _____

634 − 79 = _____

733 − 83 = _____

841 − 76 = _____

c) 532 − 284 = _____

726 − 398 = _____

654 − 376 = _____

924 − 567 = _____

39   248   278   328   357   438   465   555   573   574   650   765   850

SB▶51   E▶25   A▶25

Schriftlich subtrahieren – ergänzen

Rechne. Notiere die Überträge.

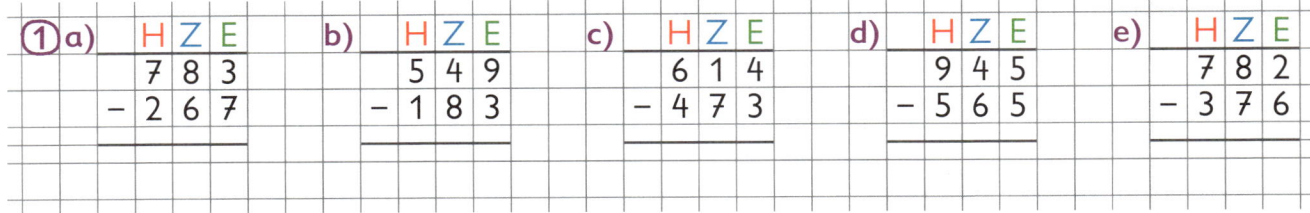

1 a)
H	Z	E
7	8	3
– 2	6	7

b)
H	Z	E
5	4	9
– 1	8	3

c)
H	Z	E
6	1	4
– 4	7	3

d)
H	Z	E
9	4	5
– 5	6	5

e)
H	Z	E
7	8	2
– 3	7	6

141   292   366   380   406   516

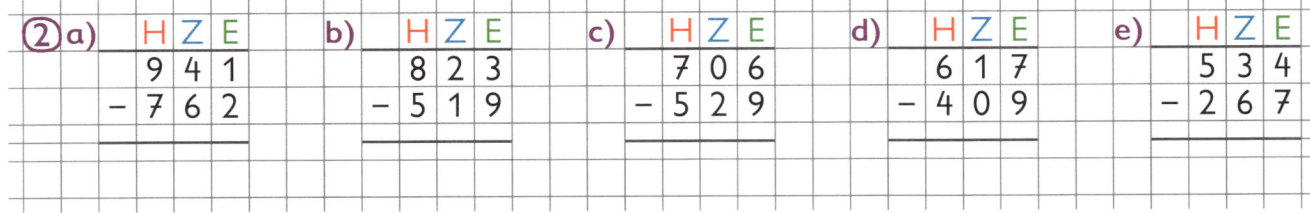

2 a)
H	Z	E
9	4	1
– 7	6	2

b)
H	Z	E
8	2	3
– 5	1	9

c)
H	Z	E
7	0	6
– 5	2	9

d)
H	Z	E
6	1	7
– 4	0	9

e)
H	Z	E
5	3	4
– 2	6	7

177   179   208   267   304   315

3 Schreibe stellengerecht untereinander und berechne durch schriftliches Subtrahieren.
Notiere alle Überträge sorgfältig.

a) 437 – 219   **b)** 825 – 453   **c)** 657 – 388   **d)** 703 – 409   **e)** 876 – 678

f) 684 – 376   **g)** 738 – 565   **h)** 836 – 408   **i)** 614 – 308   **j)** 753 – 375

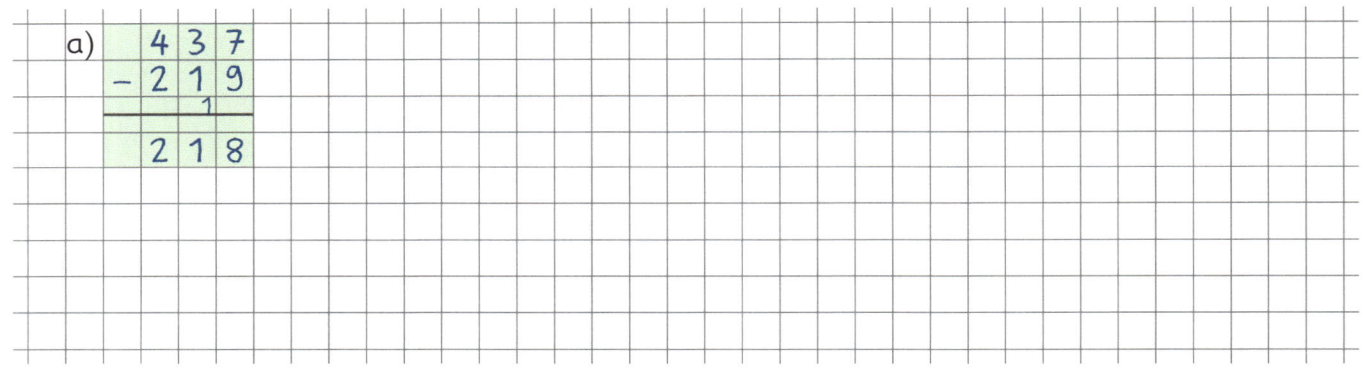

a)
	4	3	7
–	2	1	9
		1	
	2	1	8

173   198   218   269   294   306   308   372   378   428   772

4 Überschlage zuerst im Kopf, wie groß das Ergebnis ungefähr wird.
Schreibe dann stellengerecht und subtrahiere schriftlich.

a) 649 – 126   **b)** 785 – 468   **c)** 677 – 182   **d)** 507 – 88   **e)** 891 – 338

317   419   495   523   553   562

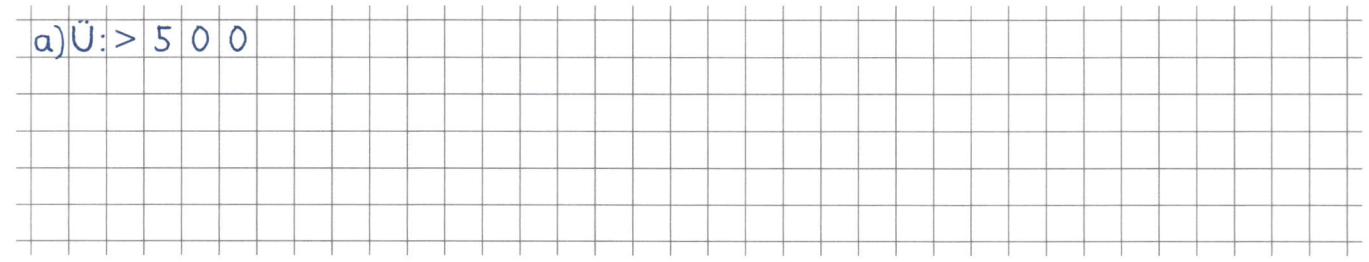

a) Ü: > 5 0 0

Schriftlich subtrahieren – abziehen

① Rechne wie im Beispiel. Achte auf die Überträge.

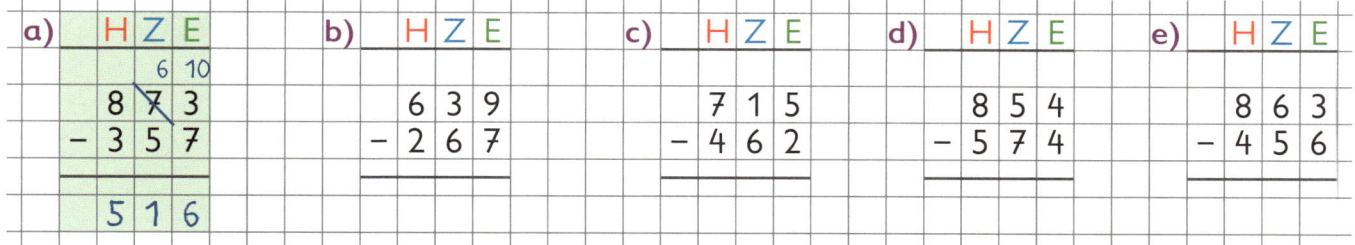

a)
H	Z	E
	6	10
8	7̷	3
– 3	5	7
5	1	6

b)
H	Z	E
6	3	9
– 2	6	7

c)
H	Z	E
7	1	5
– 4	6	2

d)
H	Z	E
8	5	4
– 5	7	4

e)
H	Z	E
8	6	3
– 4	5	6

253   280   372   407   516   607

② Rechne. Mehr als ein Übertrag.

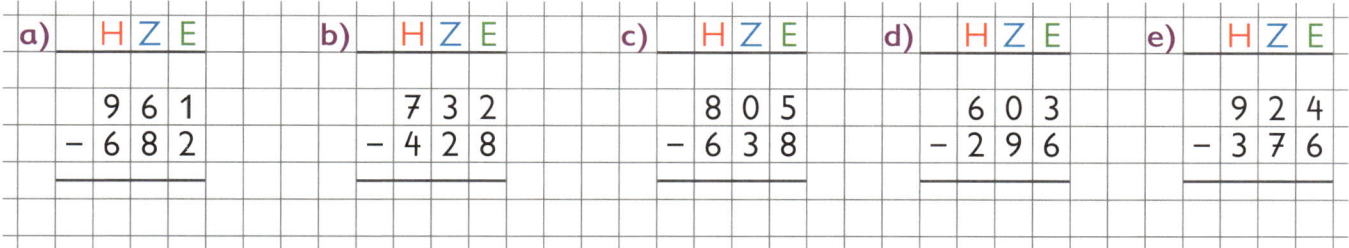

a)
H	Z	E
9	6	1
– 6	8	2

b)
H	Z	E
7	3	2
– 4	2	8

c)
H	Z	E
8	0	5
– 6	3	8

d)
H	Z	E
6	0	3
– 2	9	6

e)
H	Z	E
9	2	4
– 3	7	6

167   279   304   307   548   549

③ Schreibe stellengerecht untereinander und berechne durch schriftliches Subtrahieren.
   Notiere alle Überträge sorgfältig.

a) 457 – 229   b) 735 – 363   c) 843 – 657   d) 704 – 408   e) 865 – 568

f) 674 – 276   g) 837 – 475   h) 931 – 468   i) 912 – 506   j) 751 – 157

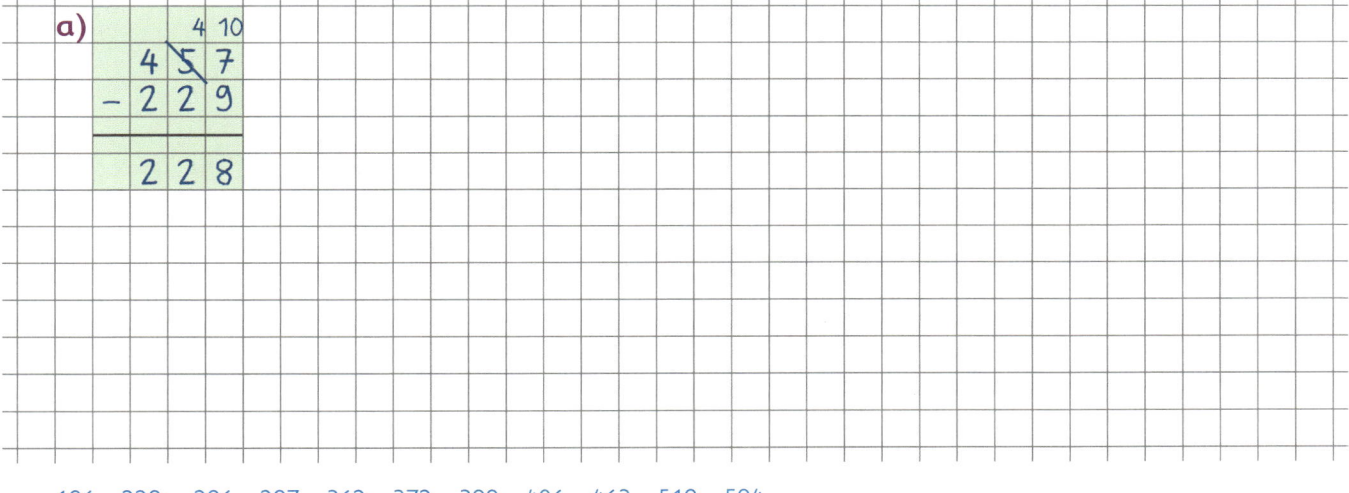

a)
	4	10
4	5̷	7
– 2	2	9
2	2	8

186   228   296   297   362   372   398   406   463   519   594

④ Überschlage zuerst im Kopf, wie groß das Ergebnis ungefähr wird.
   Schreibe dann stellengerecht in dein Heft und subtrahiere schriftlich.

a) 759 – 236   b) 684 – 357   c) 578 – 83   d) 827 – 408   e) 639 – 586

Schriftlich subtrahieren üben

① Überschlage zuerst im Kopf.

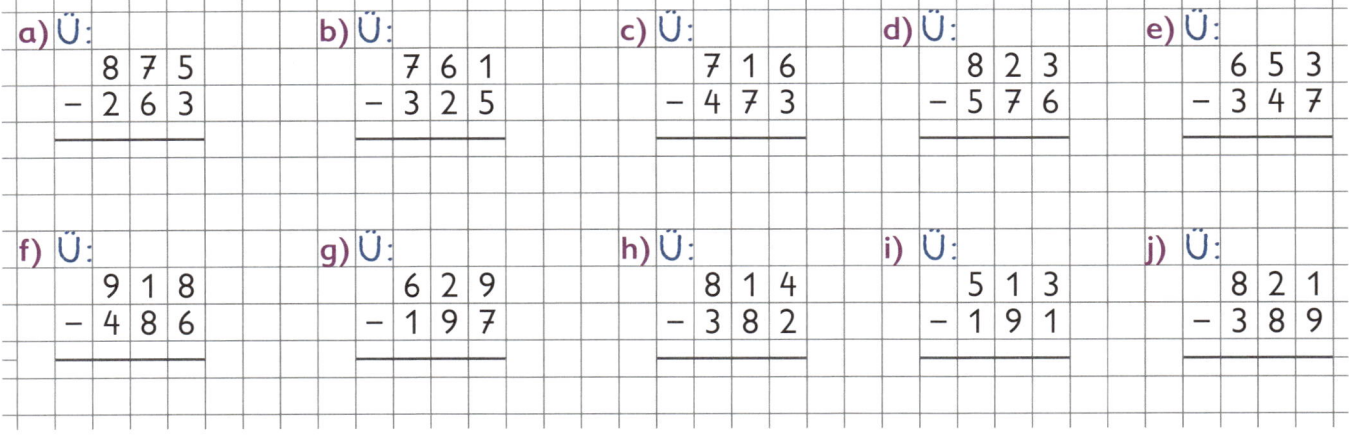

a) Ü:
```
    8 7 5
  - 2 6 3
```

b) Ü:
```
    7 6 1
  - 3 2 5
```

c) Ü:
```
    7 1 6
  - 4 7 3
```

d) Ü:
```
    8 2 3
  - 5 7 6
```

e) Ü:
```
    6 5 3
  - 3 4 7
```

f) Ü:
```
    9 1 8
  - 4 8 6
```

g) Ü:
```
    6 2 9
  - 1 9 7
```

h) Ü:
```
    8 1 4
  - 3 8 2
```

i) Ü:
```
    5 1 3
  - 1 9 1
```

j) Ü:
```
    8 2 1
  - 3 8 9
```

243   247   306   316   322   432   432   432   432   436   612

② Schreibe stellengerecht untereinander, wenn du schriftlich subtrahieren willst.

a) 623 – 174   b) 503 – 382   c) 735 – 437   d) 607 – 409

e) 726 – 86   f) 904 – 675   g) 816 – 408   h) 901 – 316

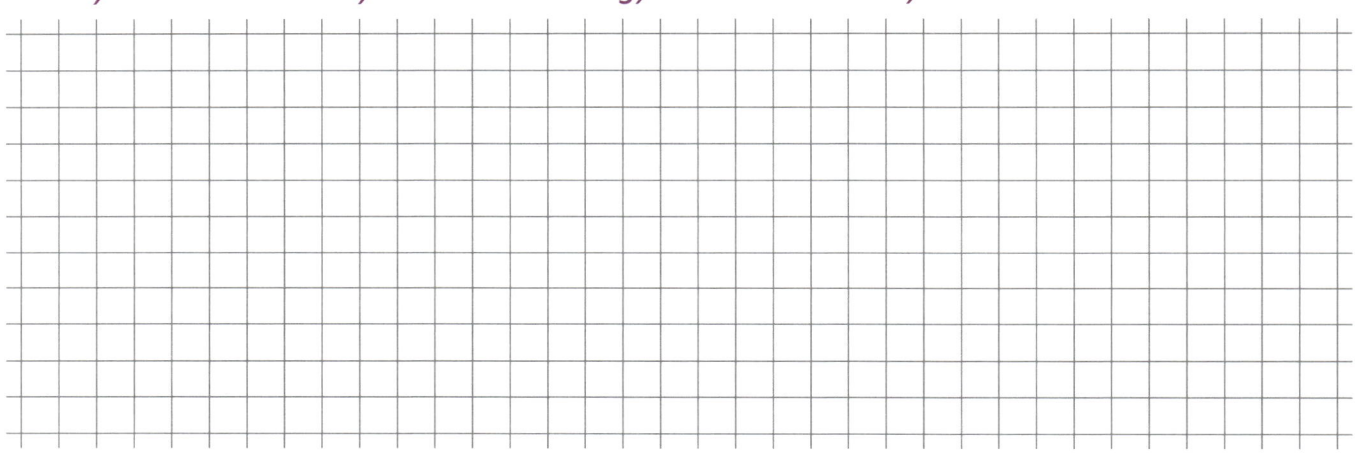

121   198   229   298   308   408   449   585   640

③

a) Wenn ich meine Zahl von 671 subtrahiere, erhalte ich 441.

b) Meine Zahl ist genauso groß wie der Unterschied von 812 und 680.

c) Wenn ich meine Zahl um 386 vermindere, bleiben 256.

d) Meine Zahl ist um 125 kleiner als das Doppelte von 423.

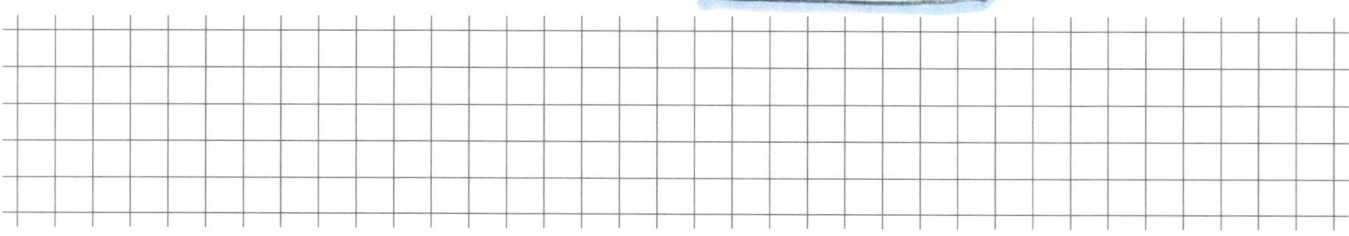

Schriftlich subtrahieren und die Null

① Prüfe durch Probe, ergänze die fehlenden Überträge.

Markiere als ⬚r oder ⬚f.

```
  7 0 5
- 2 8 6
   ₁ ₁
  4 1 9   r
```

Probe rechnen, ohne zu schreiben.

a)
```
  4 0 3
- 2 5 7
     ₁
  2 4 6   ⬚
```

b)
```
  6 4 0
- 2 7 7
   ₁
  3 7 3   ⬚
```

c)
```
  8 1 5
- 5 3 6
     ₁
  3 7 9   ⬚
```

d)
```
  7 2 4
- 5 9 6
     ₁
  1 2 8   ⬚
```

e)
```
  9 0 5
- 4 0 8
  5 0 7   ⬚
```

f)
```
  8 6 5
- 3 5 6
     ₁
  5 0 9   ⬚
```

g)
```
  6 5 3
- 5 4 9
     ₁
  1 0 4   ⬚
```

② Von welcher Zahl wurde subtrahiert?

a)
```
-   2 5 3
    4 7 6
```

b)
```
-   1 3 7
    3 8 4
```

c)
```
-   3 8 2
    2 5 6
```

d)
```
-   4 6 8
    4 0 6
```

e)
```
-   3 7 5
    5 4 3
```

③ Welche Zahl wurde subtrahiert?

a)
```
  7 6 8
-
  3 1 6
```

b)
```
  9 5 6
-
  5 4 3
```

c)
```
  6 7 3
-
  3 2 5
```

d)
```
  7 2 5
-
  2 6 8
```

e)
```
  8 3 1
-
  2 5 7
```

④ Bestimme die fehlenden Ziffern.

a)
```
  8   4
- 5 2
    5 1
```

b)
```
    1
- 2   1
  3 3 4
```

c)
```
  7   2
-   4
  5 5 5
```

d)
```
  9   0
-   3
  2 0 2
```

e)
```
  8 0
- 4   6
    0 7
```

⑤ Finde viele Aufgaben.

```
    1              1              1              1              1
-   6          -   6          -   6          -   6          -   6
  2 7 8        2 7 8        2 7 8        2 7 8        2 7 8
```

Rechnen mit Kommazahlen

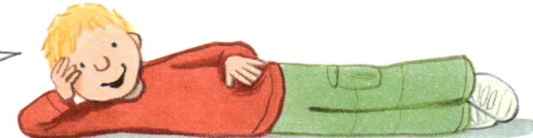

① Verschiedene Schreibweisen

Geldbeträge, Längen, Gewichte bleiben gleich.

a)

175 ct =	=	
=	=	6,99 €
= 5 € 27 ct =		
33 ct =	=	
=	=	2,05 €
= 0 € 4 ct =		

b)

= 6 m 43 cm =		
1 000 cm =	=	
=	=	0,67 m
= 12 m 8 cm =		
55 cm =	=	
=	=	0,05 m

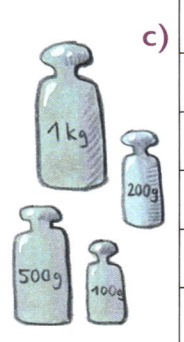

c)

=	=	1,800 kg
4 000 g =	=	
= 2 kg 500 g =		
375 g =	=	
=	=	0,970 kg
= 1 kg 80 g =		

d)

= 5 km 200 m =		
1 020 m =	=	
=	=	8,450 km
5 005 m =	=	
= 7 km 358 m =		
=	=	0,865 km

② Ergänze Kommazahlen.

a) 85,60 € + _____ € = 99 €
34,10 € + _____ € = 99 €
8,45 € + _____ € = 99 €
0,47 € + _____ € = 99 €

b) 27,90 m + _____ m = 95 m
6,77 m + _____ m = 95 m
0,80 m + _____ m = 95 m
55,05 m + _____ m = 95 m

c) 196 cm + _____ m = 10 m
707 cm + _____ m = 10 m
800 cm + _____ m = 10 m
50 mm + _____ m = 10 m

③ Wandle um und rechne schriftlich.

a) 98,81 m + 466 cm
284,96 m + 98 cm

b) 455,500 km + 850 m
0,850 km + 98 m

c) 28,900 kg + 650 g
0,375 kg + 98 g

① Würfle mit zwei Würfeln. Bilde die Summe der Würfelpunkte.
Probiere aus, wie oft das Würfelergebnis eintritt,
das auf dem Kärtchen beschrieben ist.
Führe jeweils 20 Versuche durch. Notiere als Strichliste.

a)
Summe
kleiner als 10

b)
Summe
gerade

c)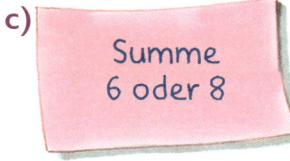
Summe
6 oder 8

d)
Summe
größer als 5

ja	
nein	

ja	
nein	

ja	
nein	

ja	
nein	

② Wer zuerst 10 Punkte hat, gewinnt.

Alex und Noah machen mit den Kärtchen
aus Aufgabe 1 ein Spiel.
Jeder sucht sich ein Kärtchen aus.
Gewürfelt wird wieder mit zwei Würfeln.
Wird das Ergebnis des gewählten
Kärtchens erzielt, so erhält der
Spieler einen Punkt.

Gib Alex einen Tipp.

_____

Begründe deinen Vorschlag.

_____

_____

Mit welchem Kärtchen habe ich die besten Gewinnchancen?

③ Würfle wieder mit zwei Würfeln und multipliziere die beiden Würfelergebnisse.
Führe jeweils 20 Versuche durch. Notiere sie als Strichlisten.

a)
Das Ergebnis
ist eine
Quadratzahl.

b)
Das Ergebnis
ist kleiner
als 20.

c)
Das Ergebnis
ist teilbar
durch 2 oder 5.

d)
Das Ergebnis
ist ungerade.

ja	
nein	

ja	
nein	

ja	
nein	

ja	
nein	

ⓔ Was fällt dir auf?

_____

_____

Wahrscheinlichkeit

① Färbe zu jeder Regel einen Kreisel passend ein.

a) Die Chancen für Rot und Grün sind gleich.

b) Die Chancen für Blau sind größer als für Gelb oder Rot.

c) Grün kommt auf keinen Fall.

d) Die Chancen für Blau sind gering, für Rot und Gelb jedoch gleich.

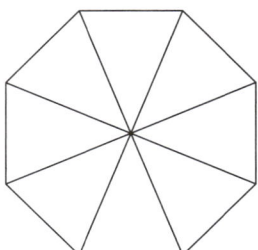
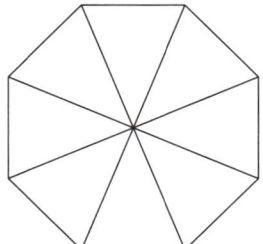
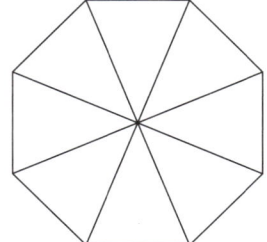
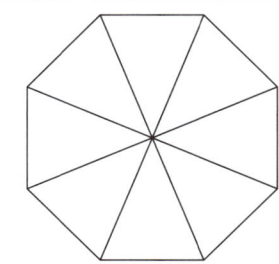

② Beim Schulfest verkaufen drei Klassen Lose.
Bei welcher Klasse würdest du ein Los kaufen? Begründe.

_____

_____

Klasse	Lose	Gewinne
3 a	100	50
3 b	100	70
4 b	60	50

③ Die Klasse 3 b hat ein Angelspiel gebastelt.
Mit einem Magneten angeln die Kinder,
ohne in das Aquarium zu schauen.

a) Überprüfe die Aussagen
und notiere ⊠ oder ⊘.
Begründe deine Meinung.

Es ist wahrscheinlicher einen blauen als einen roten Fisch zu angeln. ☐

_____

Es ist wahrscheinlicher eine Dose zu angeln als einen Stiefel. ☐

_____

Es ist wahrscheinlicher einen Fisch zu angeln als Müll. ☐

_____

b) Wie viele Gegenstände muss ein Kind höchstens angeln,
um sicher einen Fisch dabei zu haben? Begründe.

_____

_____

SB▶66/67 E▶33 A▶33

① ▶ Lea möchte an ihrem Geburtstag mit ihren 6 Gästen ein Federballturnier veranstalten. Sie überlegt, wie viele einzelne Spiele erforderlich sind, bis jeder mit jedem einmal gespielt hat.

Fülle die Tabelle aus.
Ein Kreuz steht für ein Spiel.

	K1	K2	K3	K4	K5	K6	K7
K1		X	X	X	X	X	
K2							
K3							
K4							
K5							
K6							
K7							

Ich spiele 6-mal.

Lea

Denke daran: Kein Spiel doppelt zählen!

Notiere die passende Additionsaufgabe: 6 + __ + __ + __ + __ + __ = ___ Spiele

② ▶ Wie lautet die entsprechende Aufgabe, wenn 8 Kinder an dem Turnier beteiligt sind?

a) Notiere. _____

b) Was fällt dir auf?

_____

_____

_____

③ ▶ Für den Sportunterricht kann Nina aus drei T-Shirts, drei Sporthosen und zwei Paar Turnschuhen wählen.

Wie viele Möglichkeiten hat sie, sich verschieden anzuziehen?
Notiere deinen Lösungsweg.

Daten sammeln und darstellen

① Diese Bücher gibt es im Eulennest.

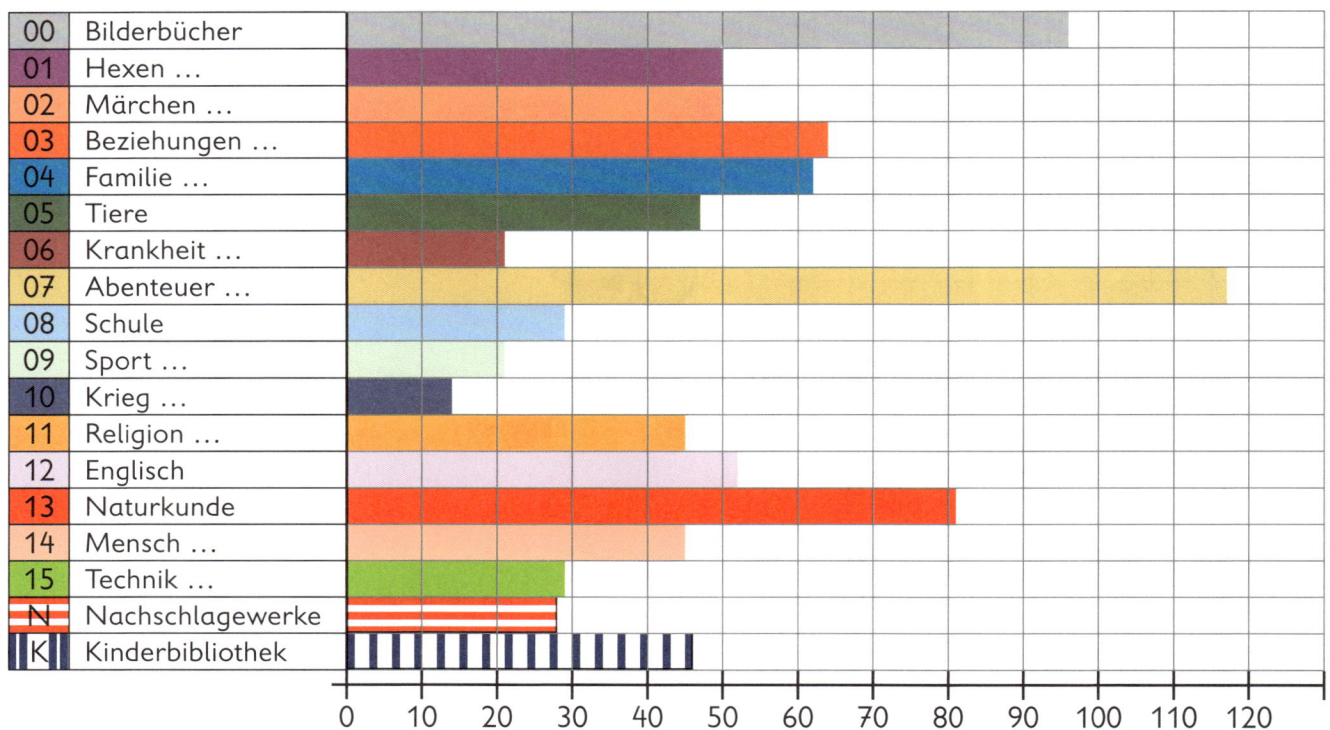

| | | 0 | 10 | 20 | 30 | 40 | 50 | 60 | 70 | 80 | 90 | 100 | 110 | 120 |

00	Bilderbücher
01	Hexen ...
02	Märchen ...
03	Beziehungen ...
04	Familie ...
05	Tiere
06	Krankheit ...
07	Abenteuer ...
08	Schule
09	Sport ...
10	Krieg ...
11	Religion ...
12	Englisch
13	Naturkunde
14	Mensch ...
15	Technik ...
N	Nachschlagewerke
K	Kinderbibliothek

Mit diesem Balkendiagramm lassen sich viele Fragen sofort klären.
Schreibe deine Antworten auf:

a) In welcher Kategorie gibt es die wenigsten Bücher? _____

b) Welches sind die 3 Kategorien mit den meisten Büchern? _____

_____

c) In welchen Kategorien gibt es weniger als 40 Bücher? _____

_____

d) In welchen Kategorien gibt es mehr als 60 Bücher? _____

_____

e) In welchen Kategorien gibt es gleich viele Bücher? _____

_____

② Für die Schülerbücherei sollen
weitere Bücher angeschafft werden.
Danach sollen in allen Kategorien
mindestens 40 Bücher verfügbar sein.
Wie viele Bücher müssen ungefähr
gekauft werden?

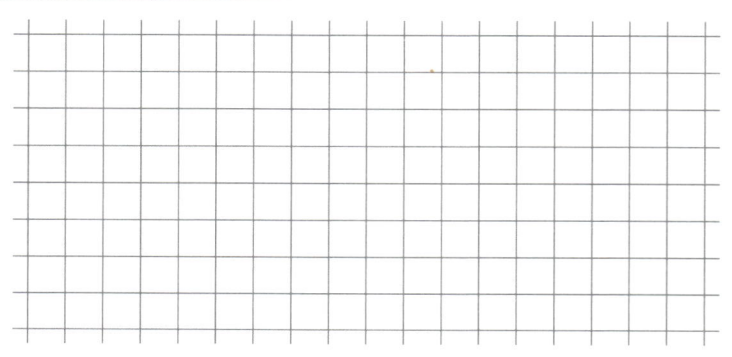

SB ▶ 70/71 E ▶ 35 A ▶ 35

① Bestimme die Anzahl aller sichtbaren Dreiecke.

a)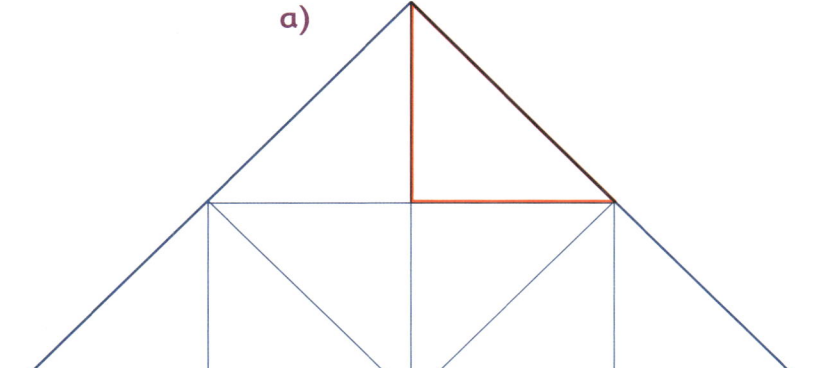

b)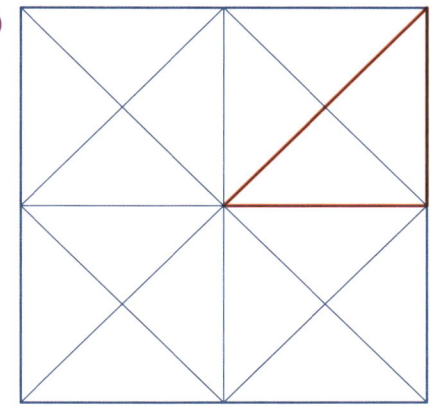

---

② In einer Kiste sind 20 Bälle in den Farben Rot, Blau und Gelb. Es sind doppelt so viele blaue wie rote Bälle in der Kiste und dreimal so viele rote wie gelbe Bälle.

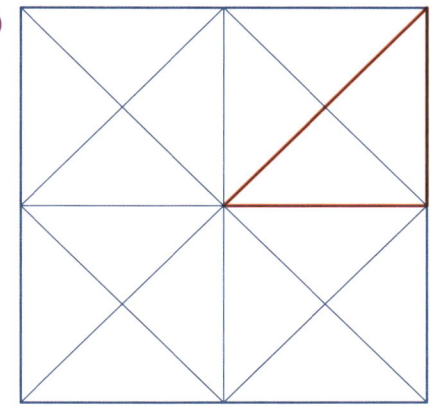

a) Wie viele Bälle von jeder Farbe sind in der Kiste? Notiere deinen Lösungsweg.

b) Du nimmst, ohne hinzusehen, einen Ball aus der Kiste.

Bei welcher Farbe hast du die größten Chancen? _____

---

③ Schau dir das angefangene Punktmuster genau an. Die Anzahlen, die hier entstehen, heißen **Dreieckszahlen**.

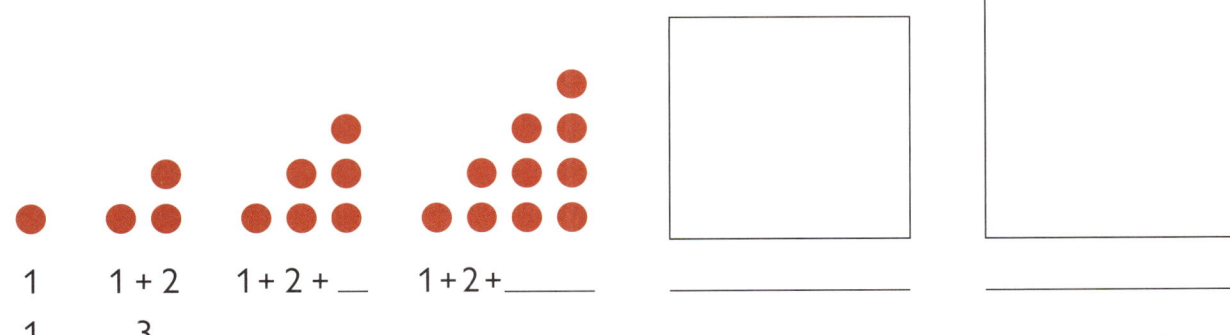

| 1 | 1 + 2 | 1 + 2 + __ | 1 + 2 + _____ | _____ | _____ |
| 1 | 3 | __ | __ | ___ | ___ |

a) Zeichne die nächsten beiden Punktmuster. Notiere die passenden Aufgaben und die Anzahlen der Punkte.

b) Erkläre den Namen **Dreieckszahlen**. _____

_____

c) Wie heißt die 8. Dreieckszahl? _____

d) Berechne weitere Dreieckszahlen, die du bisher noch nicht ausgerechnet hast.

① Rechne. Fülle die Tabellen aus.

a)

·	4	6	8
3			
5			
7			
9			

b)

·	7		3
6		54	
	21		
8			
			12

c)

·	15	20	25
2			
4			
6			
8			

② Male die Felder an und notiere jeweils die folgenden 10 Zahlen, die das Muster fortsetzen.

a) zur **Zweierreihe**

b) zur **Fünferreihe**

c) zur **Achterreihe**

A

0	1	2	3	4	5	6	7	8	9
10	11	12	13	14	15	16	17	18	19
20	21	22	23	24	25	26	27	28	29
30	31	32	33	34	35	36	37	38	39
40	41	42	43	44	45	46	47	48	49
50	51	52	53	54	55	56	57	58	59
60	61	62	63	64	65	66	67	68	69
70	71	72	73	74	75	76	77	78	79
80	81	82	83	84	85	86	87	88	89
90	91	92	93	94	95	96	97	98	99

B

0	1	2	3	4	5	6	7	8	9
10	11	12	13	14	15	16	17	18	19
20	21	22	23	24	25	26	27	28	29
30	31	32	33	34	35	36	37	38	39
40	41	42	43	44	45	46	47	48	49
50	51	52	53	54	55	56	57	58	59
60	61	62	63	64	65	66	67	68	69
70	71	72	73	74	75	76	77	78	79
80	81	82	83	84	85	86	87	88	89
90	91	92	93	94	95	96	97	98	99

C

0	1	2	3	4	5	6	7	8	9
10	11	12	13	14	15	16	17	18	19
20	21	22	23	24	25	26	27	28	29
30	31	32	33	34	35	36	37	38	39
40	41	42	43	44	45	46	47	48	49
50	51	52	53	54	55	56	57	58	59
60	61	62	63	64	65	66	67	68	69
70	71	72	73	74	75	76	77	78	79
80	81	82	83	84	85	86	87	88	89
90	91	92	93	94	95	96	97	98	99

____, ____, ____, ____, ____,

____, ____, ____, ____, ____

____, ____, ____, ____, ____,

____, ____, ____, ____, ____,

____, ____, ____, ____, ____,

____, ____, ____, ____, ____,

③ a) Rechne die Aufgaben. Trage die Ergebnisse ein.
Bilde für jedes Aufgabenpaar die Summe der Ergebnisse.

·	1	2	3	4	5	6	7	8	9	10
1										
2	■	●			○	◆				
3	●	■			◆	○				
4										
5		◆	□							
6		□	◆							
7										
8					◆	★				
9					★	◆				
10										

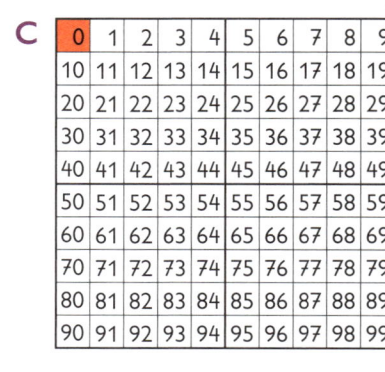

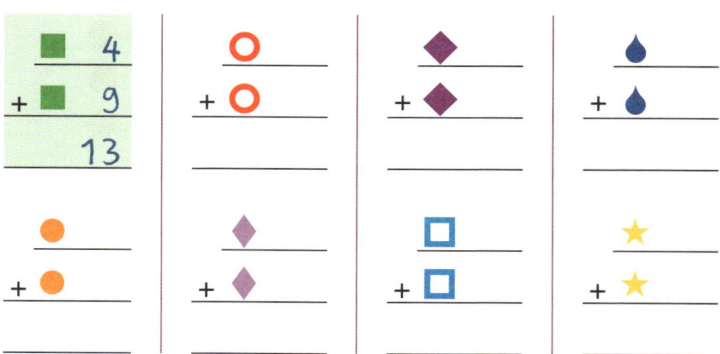

b) Kreise jeweils die größere Summe ein.
Beschreibe, was dir auffällt.

_____

_____

① Bestimme die Teiler. Schreibe jeweils alle Divisionsaufgaben, bei denen kein Rest bleibt.

a) 3 2

3 2 :	1	=	3 2
3 2 :	2	=	1 6
3 2 :	4	=	
3 2 :	8	=	
3 2 :	1 6	=	
3 2 :	3 2	=	

Die Teiler von 32 sind:

_____

b) 4 5

4 5 :	1	=	
4 5 :		=	
	:		=
	:		=
	:		=
	:		=

Die Teiler von 45 sind:

_____

c) 2 8

	:		=
	:		=
	:		=
	:		=
	:		=
	:		=

Die Teiler von 28 sind:

_____

② Bestimme die gemeinsamen Teiler.

Teiler von 21	1					
Teiler von 30	1					
Gemeinsame Teiler	1					

③ Zahlenrätsel

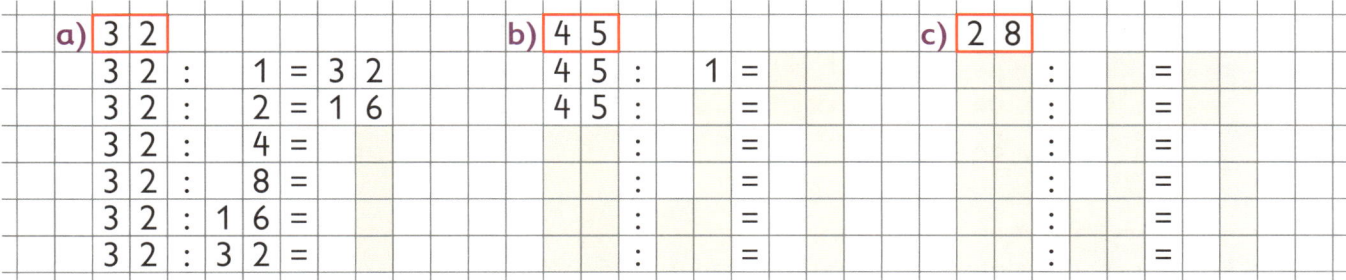

a) Welche Zahl ist größer als 1 und Teiler von 15 und Teiler von 20?

b) Finde zwei Zahlen, die gemeinsame Teiler von 100 und von 1000 sind.

c) Welche Zahlen kleiner als 10 besitzen genau vier Teiler?

d) Welche Zahl ist größer als 3 und Teiler von 12 und Teiler von 18?

④ Kreise ein.

a) Vielfache von 6 `rot`

b) Vielfache von 8 `grün`

c) Vielfache von 12 `blau`

d) Was fällt dir auf?

100   56   80
36   48
60   12   88
24   72   46
40
18
84   240   120   96

⑤ Trage ein. Vielfache von:

a)	5	35				
b)	3		33			
c)	7			35		
d)	9	36				

⑥ Zu welcher Zahl gehören die Vielfachen?
36, 42, 51, 60, 63

Erkläre, wie du vorgehst.

_____

_____

SB ▸ 78/79   E ▸ 39   A ▸ 39

Multiplikation mit Zehnerzahlen

① a)    b)

$6 \cdot 50 =$ _____ $6 \cdot 5 =$ _____

---

② Rechne zuerst die einfache Aufgabe, wenn du möchtest.

a) $3 \cdot 5 =$ _____ $3 \cdot 50 =$ _____

b) $6 \cdot 4 =$ _____ $6 \cdot 40 =$ _____

c) $4 \cdot 4 =$ _____ $4 \cdot 40 =$ _____

d) $7 \cdot 6 =$ _____ $7 \cdot 60 =$ _____

e) $5 \cdot 70 =$ _____ $5 \cdot 7 =$ _____

f) $8 \cdot 30 =$ _____ $8 \cdot 3 =$ _____

g) $9 \cdot 60 =$ _____ $9 \cdot 6 =$ _____

h) $6 \cdot 80 =$ _____ $6 \cdot 8 =$ _____

---

③ Setze ein.

a) __ $\cdot 70 = 420$ __ $\cdot 7 = 42$

b) __ $\cdot 70 = 560$ __ $\cdot 7 = 56$

c) __ $\cdot 30 = 270$ __ $\cdot 3 = 27$

d) __ $\cdot 40 = 240$ __ $\cdot 4 = 24$

e) __ $\cdot 40 = 120$ __ $\cdot 4 = 12$

f) __ $\cdot 50 = 250$ __ $\cdot 5 = 25$

g) __ $\cdot 60 = 540$ __ $\cdot 6 = 54$

h) __ $\cdot 90 = 810$ __ $\cdot 9 = $ ___

---

④ a)

·	2	20	40	80
7				
8				
9				

b)

·	5	50	100
4			
6			
10			

c)

·	3	30	60	90
5				
7				
9				

---

⑤ Setze fort.

40	80	120						400
70		210					630	
90						720		

---

⑥ Schreibe passende Aufgaben.

a) $360 =$ ___ $\cdot$ ___ $450 =$ ___ $\cdot$ ___ $280 =$ ___ $\cdot$ ___

b) $560 =$ ___ $\cdot$ ___ $270 =$ ___ $\cdot$ ___ $490 =$ ___ $\cdot$ ___

c) $400 =$ ___ $\cdot$ ___ $640 =$ ___ $\cdot$ ___ $420 =$ ___ $\cdot$ ___

Halbschriftliches Multiplizieren

① So geht es immer. Erst Zehner, dann Einer.

a) $7 \cdot 48 =$

$7 \cdot 40 = 280$

$7 \cdot 8 = 56$

b) $4 \cdot 37 =$

$\cdot =$

$\cdot =$

c) $5 \cdot 178 =$

$\cdot =$

$\cdot =$

$\cdot =$

148   336   678   890

② Die Nachbaraufgabe ist leichter. Rechne sie zuerst.

a) $6 \cdot 19 =$

$6 \cdot 20 = 120$

$120 - 6 =$

b) $9 \cdot 29 =$

$\cdot =$

$- =$

c) $4 \cdot 39 =$

$\cdot =$

$- =$

114   156   237   261

③ Rechne geschickt.

a) $4 \cdot 89 =$ _____
$8 \cdot 36 =$ _____
$7 \cdot 11 =$ _____
$5 \cdot 27 =$ _____

b) $6 \cdot 75 =$ _____
$3 \cdot 59 =$ _____
$9 \cdot 38 =$ _____
$4 \cdot 25 =$ _____

c) $4 \cdot 212 =$ _____
$6 \cdot 99 =$ _____
$3 \cdot 231 =$ _____
$7 \cdot 110 =$ _____

d) $4 \cdot 125 =$ _____
$8 \cdot 106 =$ _____
$2 \cdot 399 =$ _____
$4 \cdot 204 =$ _____

77 100 135 177 288 342 356 450 500 594 693 770 789 798 816 848 848

④ Wie geht es weiter?

a) $4 \cdot 46 =$ _____
$4 \cdot 47 =$ _____
$4 \cdot 48 =$ _____
$4 \cdot \underline{} =$ _____
$\underline{} \cdot \underline{} =$ _____
$\underline{} \cdot \underline{} =$ _____

b) $3 \cdot 69 =$ _____
$4 \cdot 69 =$ _____
$5 \cdot 69 =$ _____
$6 \cdot \underline{} =$ _____
$\underline{} \cdot \underline{} =$ _____
$\underline{} \cdot \underline{} =$ _____

c) $9 \cdot 76 =$ _____
$8 \cdot 77 =$ _____
$7 \cdot 78 =$ _____
$6 \cdot \underline{} =$ _____
$\underline{} \cdot \underline{} =$ _____
$\underline{} \cdot \underline{} =$ _____

d) $2 \cdot 234 =$ _____
$2 \cdot 236 =$ _____
$2 \cdot 238 =$ _____
$\underline{} \cdot \underline{} =$ _____
$\underline{} \cdot \underline{} =$ _____
$\underline{} \cdot \underline{} =$ _____

⑤ Herr Berger war auf dem Großmarkt und hat für seinen Marktstand eingekauft.

Notiere jeweils die passende Malaufgabe und rechne aus.

a) 4 Kisten mit je 56 Äpfeln

b) 6 Kisten mit je 48 Pfirsichen

c) 7 Kisten mit je 35 Nektarinen

d) 12 Säcke mit je 20 kg Kartoffeln

Halbschriftliches Multiplizieren

① Trage die Ergebnisse für die Aufgaben ein, die du im Kopf lösen kannst.

a) 5 · 79 = _____   b) 8 · 75 = _____   c) 3 · 310 = _____   d) 4 · 183 = _____

6 · 44 = _____   9 · 81 = _____   6 · 105 = _____   3 · 196 = _____

8 · 63 = _____   7 · 59 = _____   2 · 455 = _____   7 · 121 = _____

7 · 35 = _____   6 · 48 = _____   8 · 125 = _____   5 · 115 = _____

② Schau dir die Päckchen genau an. Rechne geschickt.

a) 2 · 500 = _____   b) 5 · 108 = _____   c) 3 · 115 = _____   d) 2 · 122 = _____

5 · 200 = _____   2 · 108 = _____   2 · 115 = _____   3 · 122 = _____

4 · 250 = _____   7 · 108 = _____   5 · 115 = _____   6 · 122 = _____

8 · 125 = _____   9 · 108 = _____   7 · 115 = _____   8 · 122 = _____

③ Addiere jeweils die beiden Ergebnisse. Schreibe zur Summe die passende Malaufgabe.

4 · 28 = 112
4 · 72 = 288 (+)
__ · ____ = 400

a) 3 · 15 = _____   b) 5 · 34 = _____   c) 6 · 45 = _____

3 · 85 = _____   5 · 66 = _____   6 · 55 = _____

__ · ____ = _____   __ · ____ = _____   __ · ____ = _____

d) 4 · 119 = _____   e) 6 · 76 = _____   f) 3 · 120 = _____   g) 5 · 139 = _____

4 · 81 = _____   6 · 74 = _____   3 · 180 = _____   5 · 61 = _____

__ · ____ = _____   __ · ____ = _____   __ · ____ = _____   __ · ____ = _____

④ Erfinde eigene Aufgaben nach dem Muster von Aufgabe 1.

a) __ · ____ = _____   b) __ · ____ = _____   c) __ · ____ = _____   d) __ · ____ = _____

__ · ____ = _____   __ · ____ = _____   __ · ____ = _____   __ · ____ = _____

__ · ____ = _____   __ · ____ = _____   __ · ____ = _____   __ · ____ = _____

Nebenrechnungen

SB▶82/83 E▶41 A▶41

① 3 Zahlen – 4 Aufgaben

a)

360 : 4 = ___
360 : 90 = ___
4 · 90 = ___
90 · 4 = ___

b)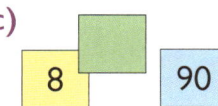

420 : 7 = ___
420 : ___ = ___
7 · ___ = ___
___ · ___ = ___

c)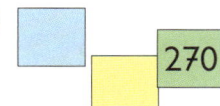

___ : 8 = ___
___ : 90 = ___
___ · ___ = ___
___ · ___ = ___

d)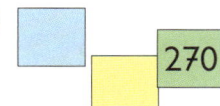

___ : ___ = ___
___ : ___ = ___
___ · ___ = ___
___ · ___ = ___

Immer zwei fast gleiche Aufgaben.

② a) 32 : 4 = ___
320 : 4 = ___

b) 42 : 6 = ___
420 : 6 = ___

c) 54 : 9 = ___
540 : 9 = ___

d) 63 : 7 = ___
630 : 7 = ___

③ a)

:	8	80
480		
640		

b)

:	2	20
140		
180		

c)

:		
280	70	
360		9

d)

:	6	60
	50	
		8

④ Tipp: Schau nach bei Aufgabe 1.

a) 450 : 5 = ___
450 : 50 = ___

b) 480 : 8 = ___
480 : 80 = ___

c) 360 : 9 = ___
360 : 90 = ___

d) 160 : 4 = ___
160 : 40 = ___

⑤ Trage die fehlenden Teiler ein.

a) 640 : ___ = 8
810 : ___ = 9
240 : ___ = 6

b) 400 : ___ = 5
560 : ___ = 8
720 : ___ = 8

c) 120 : ___ = 6
210 : ___ = 7
240 : ___ = 8

d) 270 : ___ = 9
630 : ___ = 9
280 : ___ = 4

⑥ **Im Schwimmbad**
Eine Bahn ist 50 m lang.

a) Lena kann schon 200 m ohne Pause schwimmen. Wie viele Bahnen sind das?

b) Marco schafft sogar 450 m.

c) Jan schwimmt 150 m Rücken und dann noch 250 m Brust.

Halbschriftliches Dividieren

① Rechne aus.

a) 306 : 3 = ____ b) 427 : 7 = ____ c) 485 : 5 = ____ d) 196 : 7 = ____

412 : 4 = ____ 355 : 5 = ____ 264 : 4 = ____ 342 : 9 = ____

642 : 6 = ____ 279 : 9 = ____ 192 : 8 = ____ 512 : 4 = ____

24 28 31 38 61 66 71 88 97 102 103 107 128

② Was fällt dir auf?

a)

:	2	4
224		
448		

b)

:	5	10
760		
890		

c)

:	3	6
294		
306		

d)

:	4	8
376		
424		

_____

_____

47 49 51 53 56 76 89 94 98 102 106 112 112 113 152 178 224

③ Rechne zuerst die Aufgaben ohne Rest. Löse dann die anderen Aufgaben.
Setze die Aufgabenreihen fort.

a) 200 : 4 = _____ b) 179 : 3 = _____ c) 322 : 6 = _____ d) 438 : 8 = _____

201 : 4 = _____ 180 : 3 = _____ 324 : 6 = _____ 440 : 8 = _____

202 : 4 = _____ 181 : 3 = _____ 326 : 6 = _____ 442 : 8 = _____

203 : 4 = _____ 182 : 3 = _____ 328 : 6 = _____ 444 : 8 = _____

___ : __ = _____ ___ : __ = _____ ___ : __ = _____ ___ : __ = _____

___ : __ = _____ ___ : __ = _____ ___ : __ = _____ ___ : __ = _____

___ : __ = _____ ___ : __ = _____ ___ : __ = _____ ___ : __ = _____

④ Finde Aufgaben und trage sie
in die Tabelle ein.
Überprüfe durch Rechnung,
wenn du nicht sicher bist.

vermutlich ohne Rest	sicher mit Rest

324 285 : 2 6 4
630 546   3 5

SB▶86/87 E▶43 A▶43

Punktrechnung vor Strichrechnung

Rechne aus. Beachte die Regel: Punktrechnung geht vor Strichrechnung!

①
a) $8 + 7 \cdot 6 =$ _____
$6 + 4 \cdot 9 =$ _____
$12 + 8 \cdot 3 =$ _____
$25 + 5 \cdot 7 =$ _____

b) $40 - 8 \cdot 5 =$ _____
$82 - 7 \cdot 9 =$ _____
$96 - 6 \cdot 8 =$ _____
$77 - 4 \cdot 7 =$ _____

c) $3 + 7 \cdot 8 =$ _____
$4 + 5 \cdot 9 =$ _____
$2 + 8 \cdot 8 =$ _____
$3 + 5 \cdot 7 =$ _____

d) $14 - 5 \cdot 2 =$ _____
$24 - 3 \cdot 4 =$ _____
$36 - 2 \cdot 8 =$ _____
$45 - 8 \cdot 5 =$ _____

0   4   5   12   19   20   36   38   41   42   48   49   49   50   59   60   66

②
a) $4 \cdot 4 + 8 \cdot 8 =$ _____
$5 \cdot 5 + 3 \cdot 7 =$ _____
$6 \cdot 8 + 8 \cdot 9 =$ _____
$2 \cdot 7 + 9 \cdot 4 =$ _____

b) $7 \cdot 6 - 3 \cdot 8 =$ _____
$9 \cdot 8 - 4 \cdot 3 =$ _____
$6 \cdot 5 - 4 \cdot 4 =$ _____
$7 \cdot 7 - 8 \cdot 2 =$ _____

c) $6 \cdot 9 + 3 \cdot 5 =$ _____
$8 \cdot 7 - 6 \cdot 4 =$ _____
$4 \cdot 5 - 2 \cdot 7 =$ _____
$3 \cdot 9 + 3 \cdot 9 =$ _____

6   14   18   32   33   38   46   50   54   60   69   80   120

③ Kontrolliere und finde die 6 Fehler. Schreibe das richtige Ergebnis neben die Aufgabe.

a)
$7 \cdot 4 + 9 = 37$ _____
$8 \cdot 5 - 3 = 16$ _____
$6 \cdot 6 + 4 \cdot 4 = 52$ _____
$8 - 3 \cdot 2 = 10$ _____

b)
$8 \cdot 3 - 4 \cdot 5 = 4$ _____
$16 + 4 \cdot 6 = 40$ _____
$7 \cdot 6 - 5 = 7$ _____
$8 + 2 \cdot 9 = 90$ _____

c)
$60 - 5 \cdot 5 = 45$ _____
$7 \cdot 3 + 4 \cdot 8 = 53$ _____
$9 \cdot 9 - 7 = 18$ _____
$24 + 6 \cdot 9 = 78$ _____

④ Setze $+, -, \cdot$ oder $:$ ein, so dass die Rechnung stimmt.

a) $7 \bigcirc 3 \bigcirc 4 = 25$
$5 \bigcirc 9 \bigcirc 4 = 41$
$9 \bigcirc 9 \bigcirc 5 = 6$
$3 \bigcirc 8 \bigcirc 4 = 35$

b) $6 \bigcirc 8 \bigcirc 4 = 44$
$6 \bigcirc 8 \bigcirc 4 = 10$
$6 \bigcirc 8 \bigcirc 4 = 12$
$6 \bigcirc 8 \bigcirc 4 = 38$

c) $40 \bigcirc 8 \bigcirc 14 = 34$
$40 \bigcirc 8 \bigcirc 4 = 20$
$40 \bigcirc 8 \bigcirc 3 = 45$
$40 \bigcirc 8 \bigcirc 10 = 38$

⑤ Urlaubspläne. Schreibe die Rechnung in einer Aufgabe.

a) Lena reist in den Sommerferien für 3 Wochen und 4 Tage an die Nordsee.

b) Anna besucht ihre Kusine in England. Sie bleibt 2 Tage weniger als 3 Wochen.

c) Jan fährt mit einer Jugendgruppe 2 Wochen in die Berge und anschließend noch 2 Wochen mit seinen Eltern ans Meer.

Ungleichungen

1 Welche Zahlen passen? Notiere alle Ungleichungen.

Meine Zahl ist ein Vielfaches von 40 und kleiner als 360.

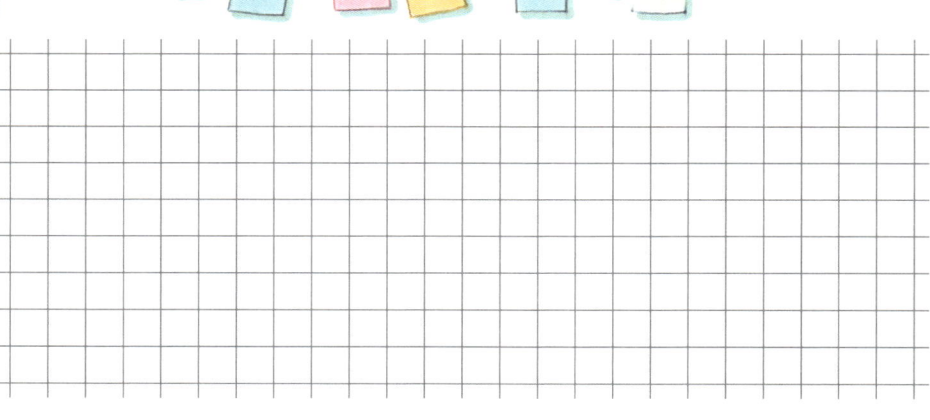

2 Welche Zahlen passen? Notiere jeweils die größtmögliche Zahl.

a) ____ · 60 < 330
____ · 70 < 330
____ · 80 < 330

b) ____ · 40 < 220
____ · 40 < 250
____ · 40 < 300

c) ____ · 90 < 850
____ · 80 < 750
____ · 70 < 650

d) ____ · 70 < 450
____ · 70 < 510
____ · 70 < 620

3 Setze ein: <, = oder >.

a) 6 · 40 ○ 250
7 · 40 ○ 250
8 · 40 ○ 350
9 · 40 ○ 350

b) 5 · 90 ○ 450
6 · 90 ○ 500
7 · 90 ○ 650
8 · 90 ○ 700

c) 320 : 8 ○ 50
320 : 4 ○ 80
360 : 6 ○ 70
360 : 9 ○ 40

d) 480 : 2 ○ 250
480 : 20 ○ 25
480 : 80 ○ 10
480 : 12 ○ 40

4 1 h = 60 min   Setze ein: <, = oder >.

a) 50 min ○ 1 h
75 min ○ 1 h
120 min ○ 2 h
150 min ○ 2 h

b) 2 h ○ 111 min
3 h ○ 180 min
6 h ○ 400 min
5 h ○ 300 min

c) $\frac{1}{2}$ h ○ 20 min
$\frac{1}{2}$ h ○ 30 min
$\frac{1}{2}$ h ○ 40 min
$1\frac{1}{2}$ h ○ 80 min

5 Notiere die passende Ungleichung.

a) Lisa hat 6 €. Sie möchte möglichst viele Rosen kaufen.

_____

b) Noah soll für 10 € möglichst viele Rosen besorgen.

_____

Rosen
Stück
90 ct

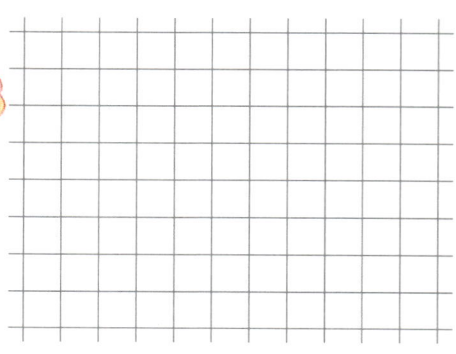

SB ▶ 90/91 E ▶ 45 A ▶ 45

① Färbe in den Würfelnetzen die Flächen so ein, dass der abgebildete Würfel daraus gebaut werden könnte. Gegenüberliegende Flächen haben die gleiche Farbe.

 a) 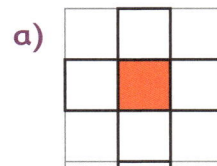 b) 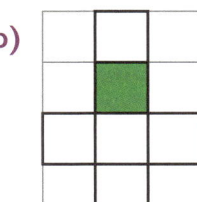 c)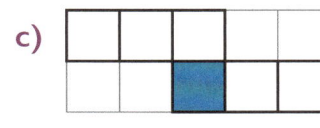

② Vergleiche die Quadernetze.
Zeichne ein eigenes Quadernetz.
Du kannst eine ganz neue Anordnung wählen oder nur die Lage von Grund- und Deckfläche verändern.

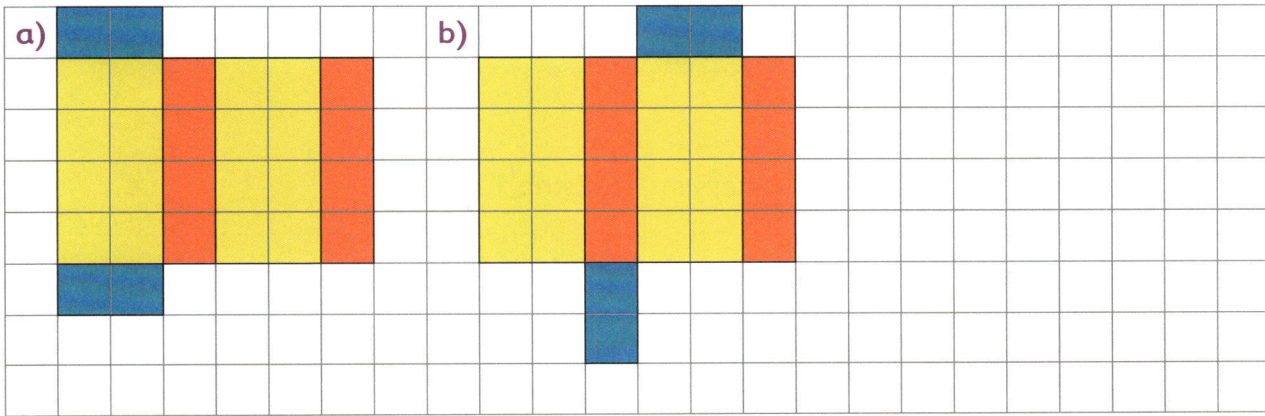

③ Fülle den Lückentext. Benutze die Textbausteine.

| 6 Rechtecke | nebeneinander | gleich groß | dieselbe |

Zum Netz des Quaders gehören _____ .

Die einander gegenüberliegenden Rechtecke sind

_____ und haben _____ Farbe.

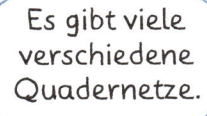

Es gibt viele verschiedene Quadernetze.

④ Richtig **r** oder falsch **f**? Kreuze an.

	r	f
An einem Quader kommen 6 verschiedene Rechtecke vor.	☐	☐
Die gegenüberliegenden Flächen müssen beim Quader gleich groß sein.	☐	☐
An einem Quader kommen höchstens drei verschiedene Rechtecke vor.	☐	☐
Mindestens 4 der Kanten müssen gleich lang sein.	☐	☐
Der Würfel ist ein besonderer Quader.	☐	☐

Vergrößern – verkleinern

① Vergrößere mit Hilfe des Karorasters im Maßstab 2 : 1.

② Verkleinere mit Hilfe des Karorasters im Maßstab 1 : 2.

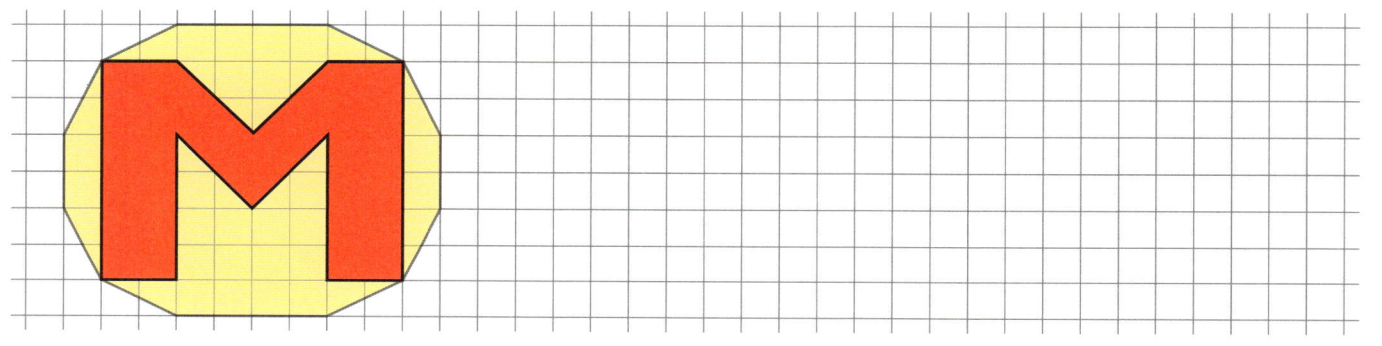

③ Wie groß in der Wirklichkeit? Versuche jeweils einen Zettel zuzuordnen.

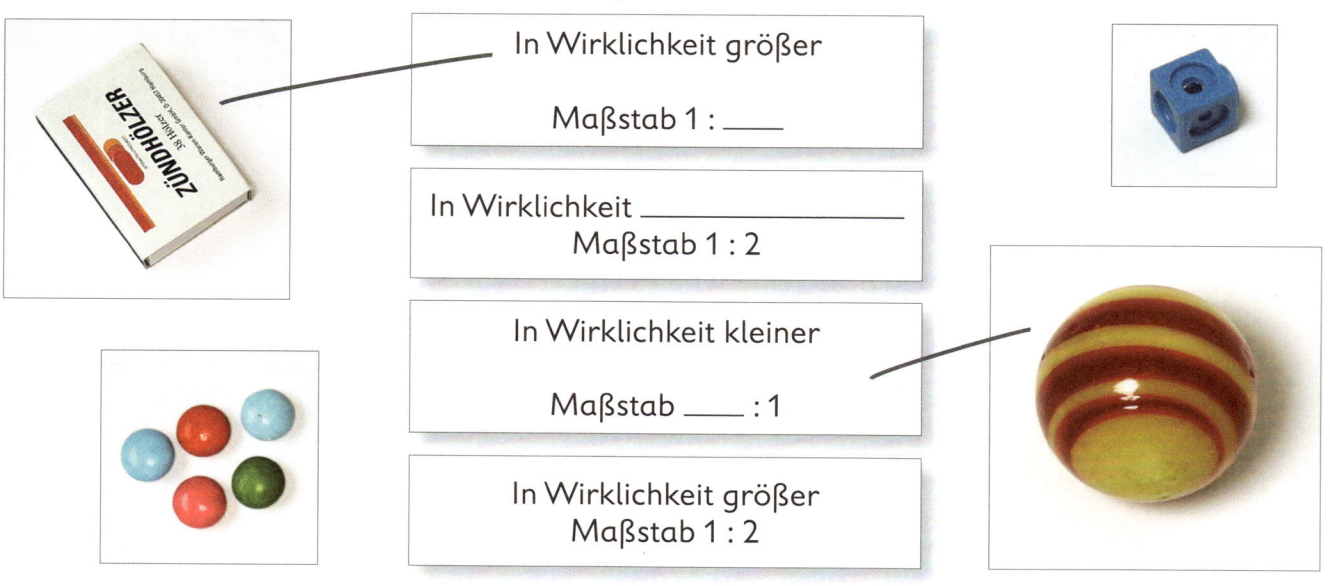

In Wirklichkeit größer

Maßstab 1 : ____

In Wirklichkeit _____
Maßstab 1 : 2

In Wirklichkeit kleiner

Maßstab ____ : 1

In Wirklichkeit größer
Maßstab 1 : 2

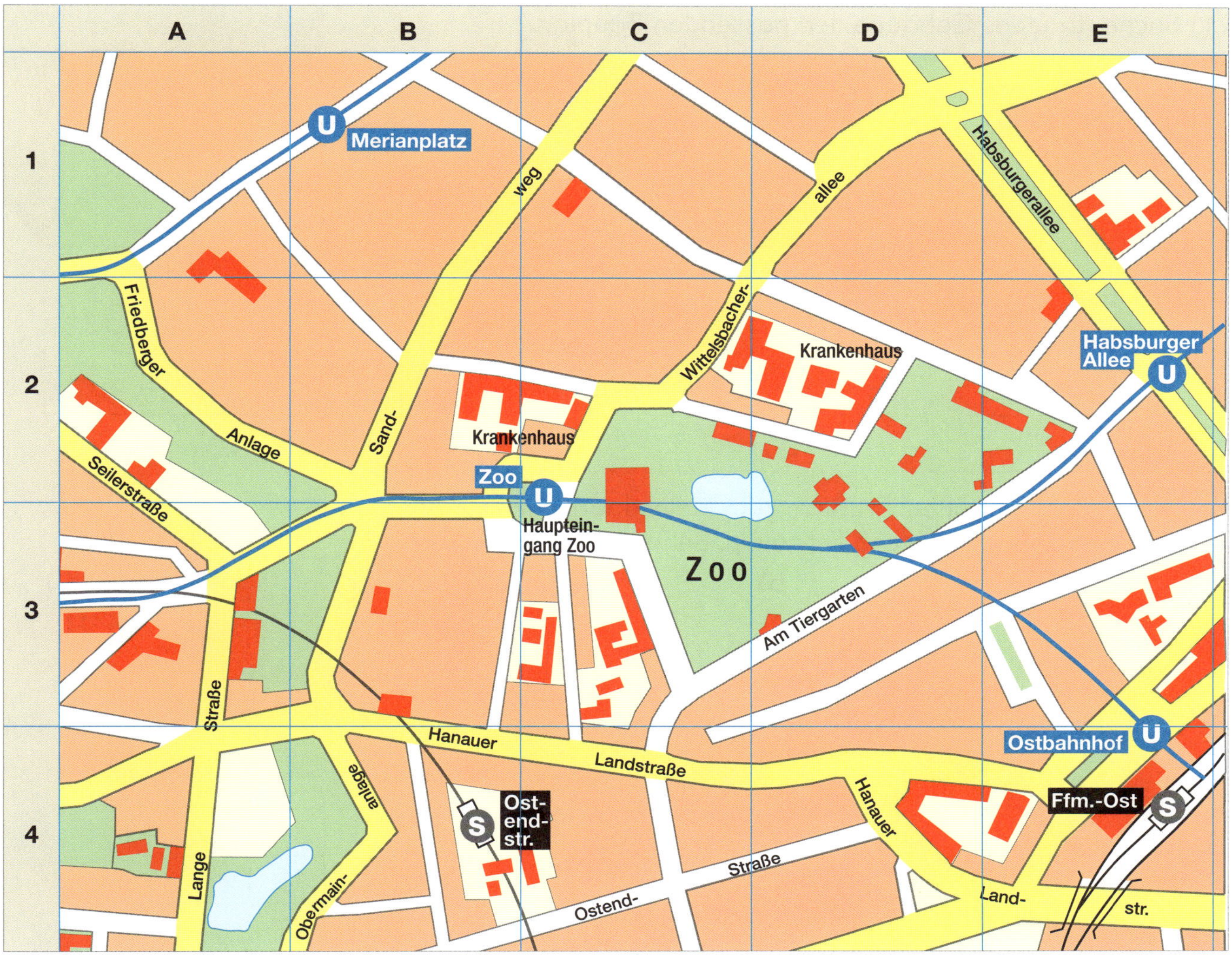

	A	B	C	D	E
1		U Merianplatz			
2			Krankenhaus		Habsburger Allee U
3			Zoo U · Haupteingang Zoo · Zoo · Am Tiergarten		Ostbahnhof U
4		S Ostendstr. · Hanauer Landstraße · Ostend-			Ffm.-Ost S

① Was ist wo? Verbinde.

| 4 E | 1 B | 2 D | 2 E | 4 C | 3 C |

U Merianplatz   U Habsburgerallee   Haupteingang Zoo

U Ostbahnhof   Krankenhaus   S Ostendstraße

② Aus welchem Planquadrat? Notiere wie im Beispiel.

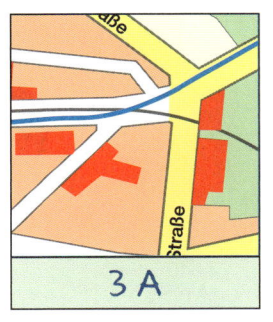

3 A

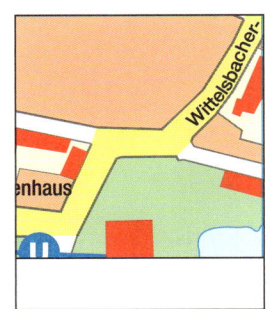

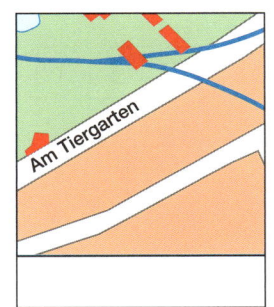

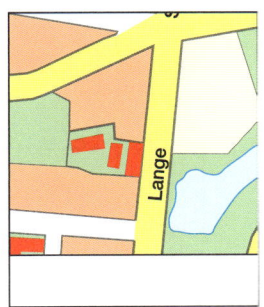

SB ▶ 98/99 E ▶ 49 A ▶ 49

Würfelgebäude

① Suche für jedes Gebäude den passenden Bauplan.

A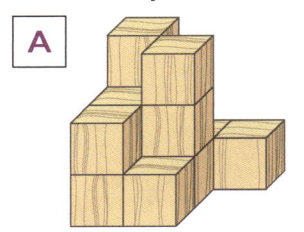

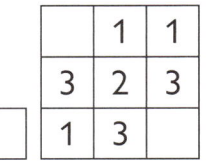

	1	1
3	2	3
1	3	

B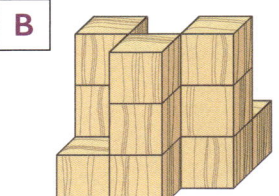

3	1	1
1	2	1
2	3	2

C

3	1	1
2	3	
2	1	

D

1	2	
3	3	1
1	3	

② Zählen und auffüllen. Ergänze zum kleinstmöglichen Quader.
Wie viele Würfel fehlen? Trage ein. Benutze den Bauplan.

a)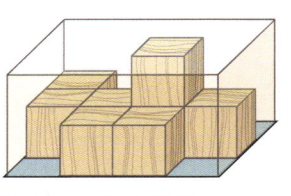

1			
1	1	2	1
	1	1	

____ Würfel fehlen

b)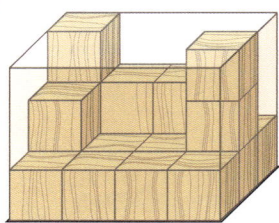

3	2	2	1
2	1	1	3
1	1	1	1

____ Würfel fehlen

c)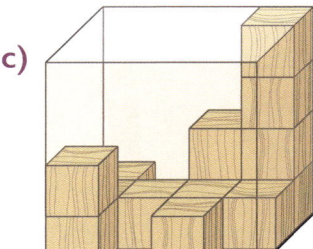

1		2	4
1	1	1	1
2		1	

____ Würfel fehlen

③ Wer hat welchen Plan geschrieben? Trage die Namen ein.

3	2		2
1	3	1	3
3	3	3	2
1	3	2	3

_____

2	3	2	3
	1	3	2
2	3	3	3
3	1	3	1

_____

1	3	1	3
3	3	3	2
2	3	1	
3	2	3	2

_____

3	2	3	1
2	3	3	3
3	1	3	1
2		2	3

_____

Lisa

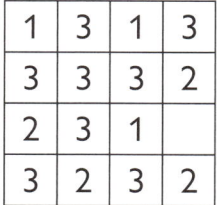

Jonas

Anna

Max

SB▶100/101 E▶50 A▶50

① Baue aus zwei Somateilen nach. Färbe jeweils den zweiten Baustein richtig ein.

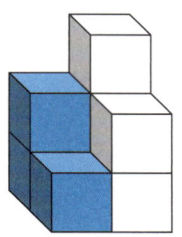  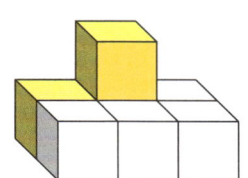  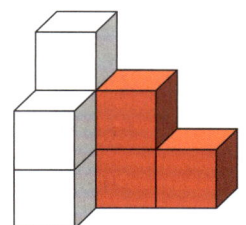

② Baue nach Bauplan. Benutze die Teile in den angegebenen Farben.

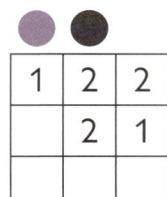

	3	3
	1	1

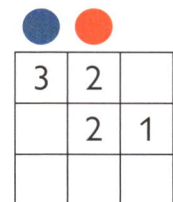

1	2	2
	2	1

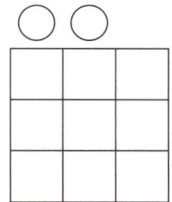

3	2	
	2	1

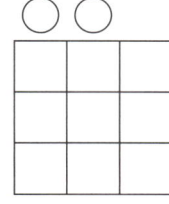

③ Notiere ähnliche Aufgaben für deinen Partner.

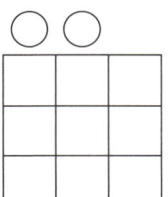 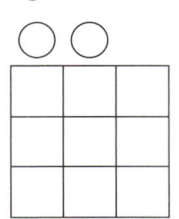 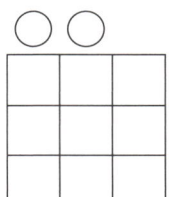 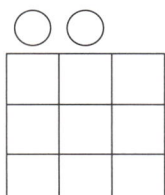 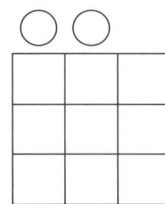

④ In Schritten entsteht hier ein Somawürfel. Färbe in jeder Zeichnung das Somateil ein, das neu hinzugekommen ist, und schreibe den Namen auf.

 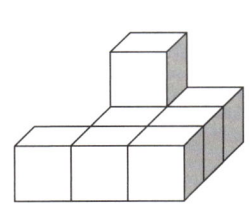 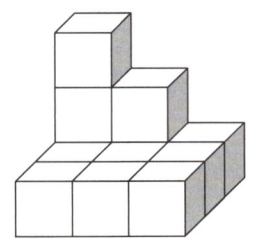 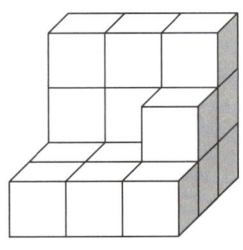

linke Hand   plus _____   plus _____   plus_____

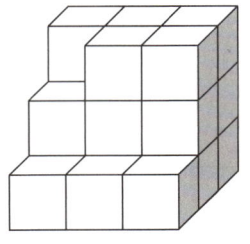 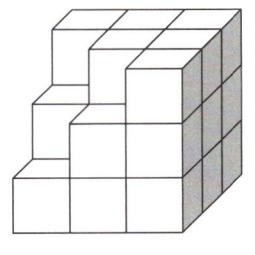 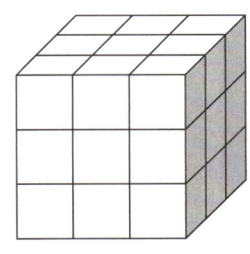 

plus _____   plus _____   plus_____

Zeit, Zeitspannen – Stunden, Minuten, Sekunden

① Rechne um.

a) in Stunden

240 min = _____

660 min = _____

42 min = _____

329 min = _____

b) in Minuten

540 s = _____

480 s = _____

124 s = _____

366 s = _____

c) in Sekunden

4 min = _____

3 min = _____

$\frac{3}{4}$ min = _____

10 min = _____

---

② Wie lange dauert es?

a) 5.23 Uhr ——— _____ h _____ min ———→ 17.25 Uhr

b) 21.42 Uhr ——— _____ h _____ min ———→ 6.45 Uhr

c)
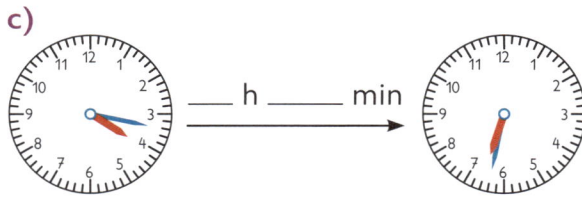
_____ h _____ min

d)
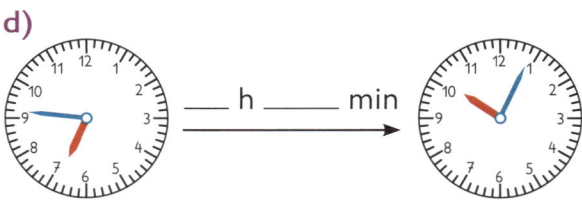
_____ h _____ min

e)
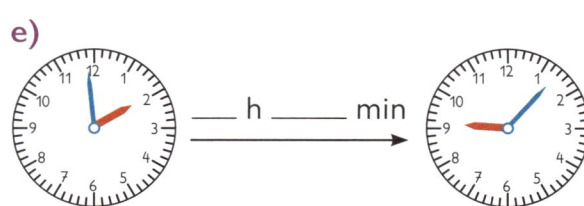
_____ h _____ min

f)
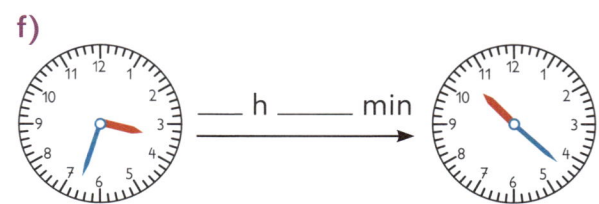
_____ h _____ min

---

③ Lea wohnt in Köln und besucht ihre Oma in Hamburg.

a) Wie viele Verbindungen gibt es zwischen 8.00 und 10.00 Uhr?

_____

b) Wann ist Lea in Hamburg, wenn sie um 8.48 Uhr abfährt?

_____

Köln Hbf. → Hamburg Hbf.

Ab	Umsteigen	An	Ab	An
08:10				12:13
08:38				13:07
08:48	Hannover	11:28	11:36	12:53
09:08				13:13
09:10	Dortmund	10:21	10:25	13:13
10:48				14:54
11:10				15:12

c) Wann muss Lea abfahren, wenn sie um 13.07 Uhr in Hamburg sein möchte?

_____

d) Wann muss Lea spätestens abfahren, wenn sie vor 13.00 Uhr in Hamburg sein will?

_____

e) Welches ist die schnellste Verbindung?

_____

① Vergleiche das Fassungsvermögen.

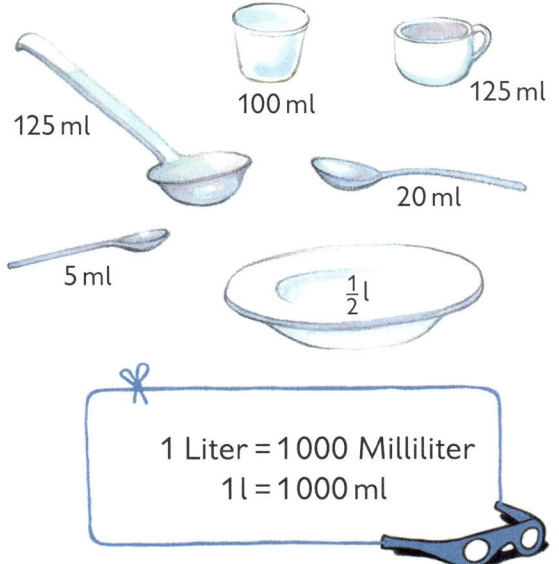

125 ml

100 ml

125 ml

20 ml

5 ml

$\frac{1}{2}$ l

1 Liter = 1000 Milliliter
1 l = 1000 ml

1 Esslöffel fasst so viel Wasser wie _____ Teelöffel.

5 Esslöffel Wasser füllen 1 _____.

Zum Füllen einer Tasse brauche ich mehr als

_____ Esslöffel Wasser.

Die Suppenkelle fasst genauso viel Suppe wie

_____.

Diesen Teller füllen _____ Suppe.

Die Teller der Kinder werden nur zur Hälfte gefüllt.
Wie viele Esslöffel Suppe sind das ? _____

② Ergänze die fehlenden Angaben.

1 200 ml = 1 l 200 ml = 1,200 l
2 500 ml = _____ = _____
800 ml = _____ = _____
_____ = 5 l 400 ml = _____
_____ = _____ = 3,208 l
_____ = _____ = 6,025 l

③ Wie viele Gläser kann Anna mit 1,5 l Saft füllen?

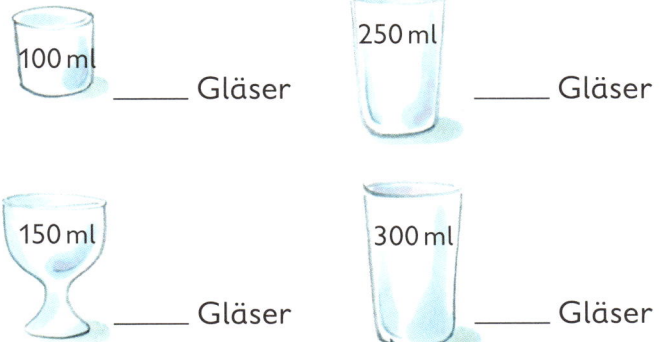

100 ml _____ Gläser

250 ml _____ Gläser

150 ml _____ Gläser

300 ml _____ Gläser

④ a) Alis Mutter hat 5 l Apfelsaft gekauft. Jeden Tag trinkt die Familie 500 ml Saft.
Für wie viele Tage reicht der Saft?

_____

b) Anna trinkt morgens 150 ml Kakao. Über den Tag verteilt trinkt sie
500 ml Wasser und 150 ml Apfelsaft. Am Abend trinkt sie 200 ml Tee.
Wie viel Milliliter trinkt Anna ungefähr am Tag?

_____

c) Wie viel trinkst du am Tag? Notiere.

_____

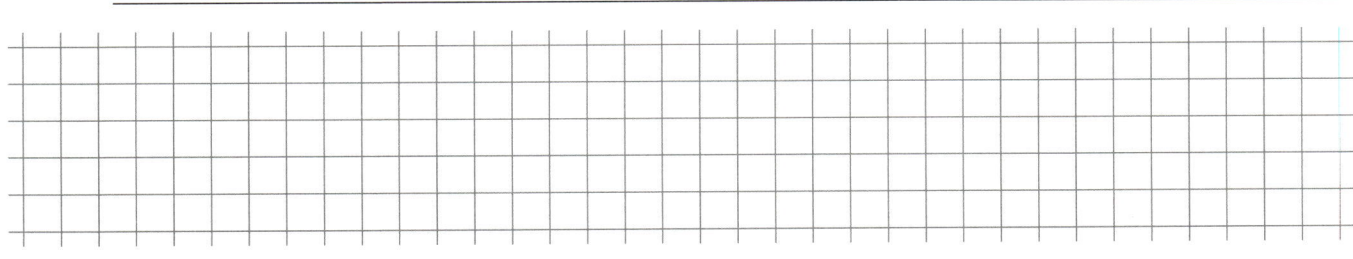

Gesund frühstücken

① Die 20 Kinder der Klasse 3a bereiten ein Klassenfrühstück vor. Sie sammeln Vorschläge in der Klasse.

a) Zeichne ein Balkendiagramm zur Abfrage.

b) Alle Kinder der Klasse möchten die Quarkspeise essen.
Berechne, wie viel von den einzelnen Zutaten eingekauft werden muss.

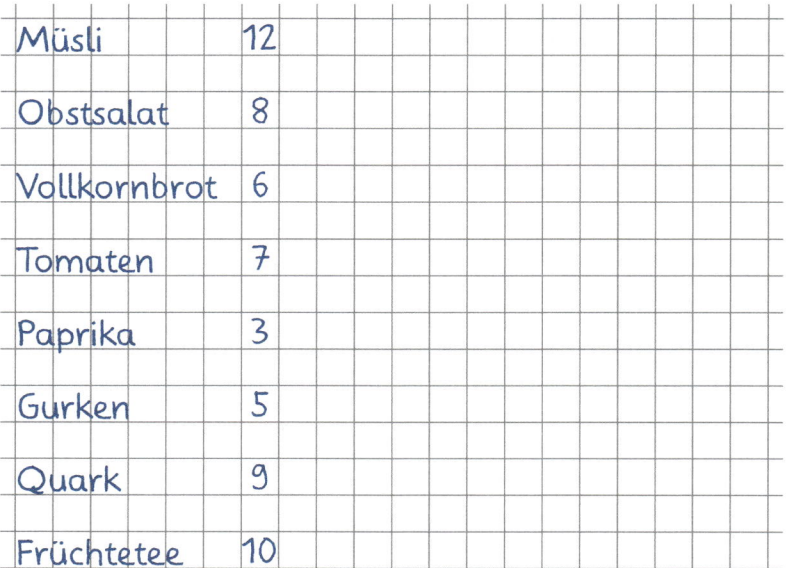

Müsli	12
Obstsalat	8
Vollkornbrot	6
Tomaten	7
Paprika	3
Gurken	5
Quark	9
Früchtetee	10

Quarkspeise
Zutaten für 4 Personen
500 g Quark
$\frac{1}{2}$ Tasse Milch (65 ml)
$\frac{1}{2}$ Zitrone (Saft)
1 Pck. Vanillezucker
2 EL Zucker (20 g)

c) Für eine Portion Müsli werden etwa 100 g benötigt. Reicht ein 1-kg-Paket?

---

② Welche Packung ist günstiger? Kreuze an!

a)

100 g 0,65 €

400 g 2,80 €

b)

200 g 1,20 €

400 g 2,50 €

c)

0,75 l 1,80 €

1,5 l 3,20 €

d)

400 ml 2,48 €

700 ml 4,20 €

---

③ **a)** Jan kauft für seinen Geburtstag 6 kleine Tafeln Schokolade.

b) Nele soll 4 Packungen Orangensaft und eine kleine Packung Frischkäse kaufen.

c) Frau Merz kauft 3 große Packungen Frischkäse und 2 kleine Flaschen Ketchup.

Parkhaus   täglich 24 Stunden geöffnet

Parktarif

Montag–Freitag   7.00–20.00 Uhr
Samstag   7.00–18.00 Uhr

je angefangene Stunde 1–3 Stunde	1,50 €
ab 4. Stunde	1,00 €
Tageshöchstbetrag	11,50 €

Sondertarif

außerhalb dieser Zeiten
sowie an Sonn- und Feiertagen

je angefangene Stunde	1,00 €
Tageshöchstbetrag	5,00 €

① Im Schaubild sind die Parkgebühren an Werktagen von 7.00 bis 20.00 Uhr dargestellt.

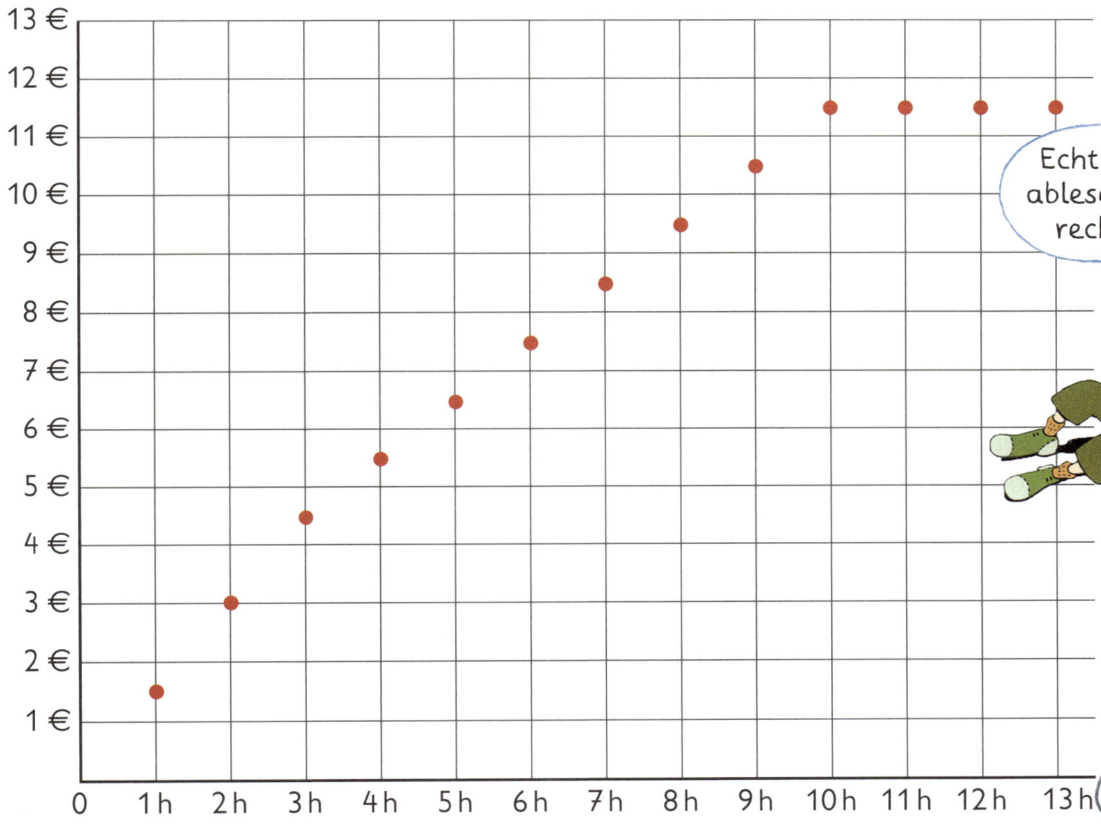

Echt super, ablesen statt rechnen.

Beachte jeweils den Tageshöchstbetrag.

a) Lies die Parkgebühren aus dem Schaubild ab.
Fülle die Tabelle aus.

Parkdauer bis … Stunden	2	4	5	6	8	10	11	12
Parkgebühr								

b) Zeichne in das Schaubild in Blau Punkte für die Parkgebühren im Sondertarif.

c) Lies die Preisunterschiede zwischen den Tarifen ab. Fülle die Tabelle aus.

Parkdauer bis … Stunden	2	4	5	6	8	10	11	12
Preisunterschied								

Ferien

① Berechne mit Hilfe des Jahreskalenders.

a) Wie viele Samstage und Sonntage hat das Jahr?

b) Der Herbst beginnt am 21.09. und endet am 20.12. Wie viele Tage dauert der Herbst?

c) Der September und der Dezember beginnen mit dem gleichen Wochentag, hier einem Donnerstag. Das ist in jedem Jahr so. Findest du eine Erklärung? Notiere sie.

Kalender

Januar						
Mo	Di	Mi	Do	Fr	Sa	So
				1	2	3
4	5	6	7	8	9	10
11	12	13	14	15	16	17
18	19	20	21	22	23	24
25	26	27	28	29	30	31

Februar						
Mo	Di	Mi	Do	Fr	Sa	So
1	2	3	4	5	6	7
8	9	10	11	12	13	14
15	16	17	18	19	20	21
22	23	24	25	26	27	28
29						

März						
Mo	Di	Mi	Do	Fr	Sa	So
1	2	3	4	5	6	7
7	8	9	10	11	12	13
14	15	16	17	18	19	20
21	22	23	24	25	26	27
28	29	30	31			

April						
Mo	Di	Mi	Do	Fr	Sa	So
				1	2	3
4	5	6	7	8	9	10
11	12	13	14	15	16	17
18	19	20	21	22	23	24
25	26	27	28	29	30	

Mai						
Mo	Di	Mi	Do	Fr	Sa	So
						1
2	3	4	5	6	7	8
9	10	11	12	13	14	15
16	17	18	19	20	21	22
23	24	25	26	27	28	29
30	31					

Juni						
Mo	Di	Mi	Do	Fr	Sa	So
		1	2	3	4	5
6	7	8	9	10	11	12
13	14	15	16	17	18	19
20	21	22	23	24	25	26
27	28	29	30			

Juli						
Mo	Di	Mi	Do	Fr	Sa	So
				1	2	3
4	5	6	7	8	9	10
11	12	13	14	15	16	17
18	19	20	21	22	23	24
25	26	27	28	29	30	31

August						
Mo	Di	Mi	Do	Fr	Sa	So
1	2	3	4	5	6	7
8	9	10	11	12	13	14
15	16	17	18	19	20	21
22	23	24	25	26	27	28
29	30	31				

September						
Mo	Di	Mi	Do	Fr	Sa	So
			1	2	3	4
5	6	7	8	9	10	11
12	13	14	15	16	17	18
19	20	21	22	23	24	25
26	27	28	29	30		

Oktober						
Mo	Di	Mi	Do	Fr	Sa	So
					1	2
3	4	5	6	7	8	9
10	11	12	13	14	15	16
17	18	19	20	21	22	23
24	25	26	27	28	29	30
31						

November						
Mo	Di	Mi	Do	Fr	Sa	So
	1	2	3	4	5	6
7	8	9	10	11	12	13
14	15	16	17	18	19	20
21	22	23	24	25	26	27
28	29	30				

Dezember						
Mo	Di	Mi	Do	Fr	Sa	So
			1	2	3	4
5	6	7	8	9	10	11
12	13	14	15	16	17	18
19	20	21	22	23	24	25
26	27	28	29	30	31	

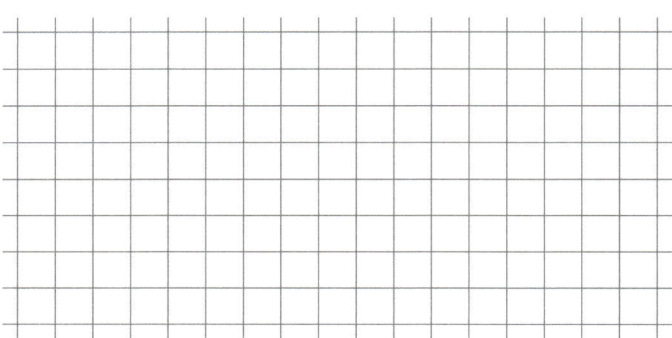

② **a)** Boris zieht am Ende des Schuljahres von Bremen nach Hamburg. Wie lange dauern seine Sommerferien in diesem Jahr?

b) Maria zieht von Bremen nach Baden-Württemberg.

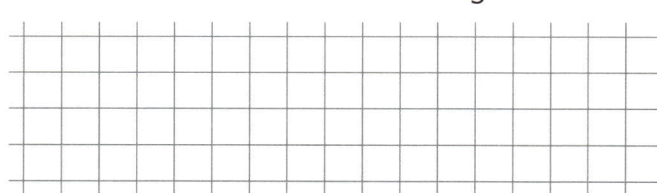

Ferientermine Deutschland	Sommer
Baden-Württemberg	28.07.–10.09.
Bayern	30.07.–12.09.
Berlin	20.07.–02.09.
Brandenburg	21.07.–03.09.
Bremen	23.06.–03.08.
Hamburg	21.07.–31.08.
Hessen	18.07.–26.08.

③ Berechne jeweils die kürzeste Strecke:

a) von Berlin nach Bremen,

b) von Köln nach Hannover,

c) von Hamburg nach Köln.

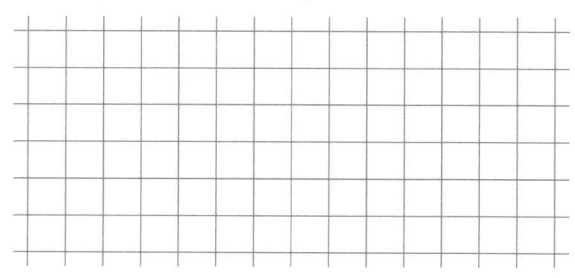

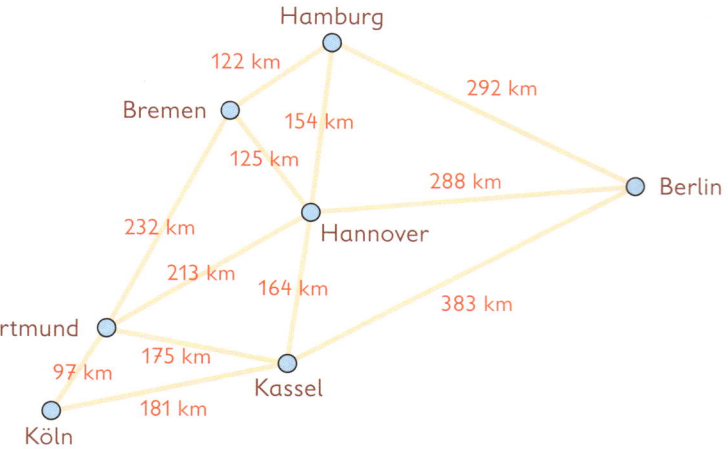

SB▶114/115 E▶58 A▶58

① Wie hoch sind die Kosten für Fahrt, Unterkunft und Verpflegung pro Kind bei drei Tagen Aufenthalt? Vergleiche die Angebote.

Bahn	40 Kinder	pro Person
	2 Lehrerinnen	23,50 €

Bus	40 Kinder	zusammen
	2 Lehrerinnen	798,00 €

Tagessätze pro Person und Tag (inkl. Übernachtung und 3 Mahlzeiten)		
	Hauptsaison März bis Okt.	Nebensaison Nov. bis Febr.
bei 4 Tagen	25,40 €	24,40 €
bei 3 Tagen	26,40 €	25,40 €
bei 1–2 Tagen	27,40 €	26,40 €
Bettwäsche 7 €		

② Im Freilichtmuseum Kommern kann man sehen und erleben, wie die Menschen früher gelebt und gearbeitet haben. Die alten Häuser, Scheunen und Handwerksbetriebe wurden hierher gebracht und originalgetreu aufgebaut. Es gibt auch ein kleines Geschäft und eine Schule.

Die Greifvogelstation in Hellenthal beherbergt viele verschiedene Greifvogel- und Eulenarten – vom Sperlingskauz, so groß wie eine Faust, bis zum Andenkondor mit drei Metern Flügelspannweite. Mehrmals am Tag findet eine Flugschau statt, bei der man die großartigen Vögel aus nächster Nähe erleben kann.

a) Vergleiche Fahrstrecken und Fahrzeiten nach Kommern und nach Hellenthal.

b) Vergleiche die Kosten bei 20 Kindern pro Klasse für Busfahrt und Eintritt.

c) Wie hoch sind die Kosten pro Klasse für die beiden Ausflüge?

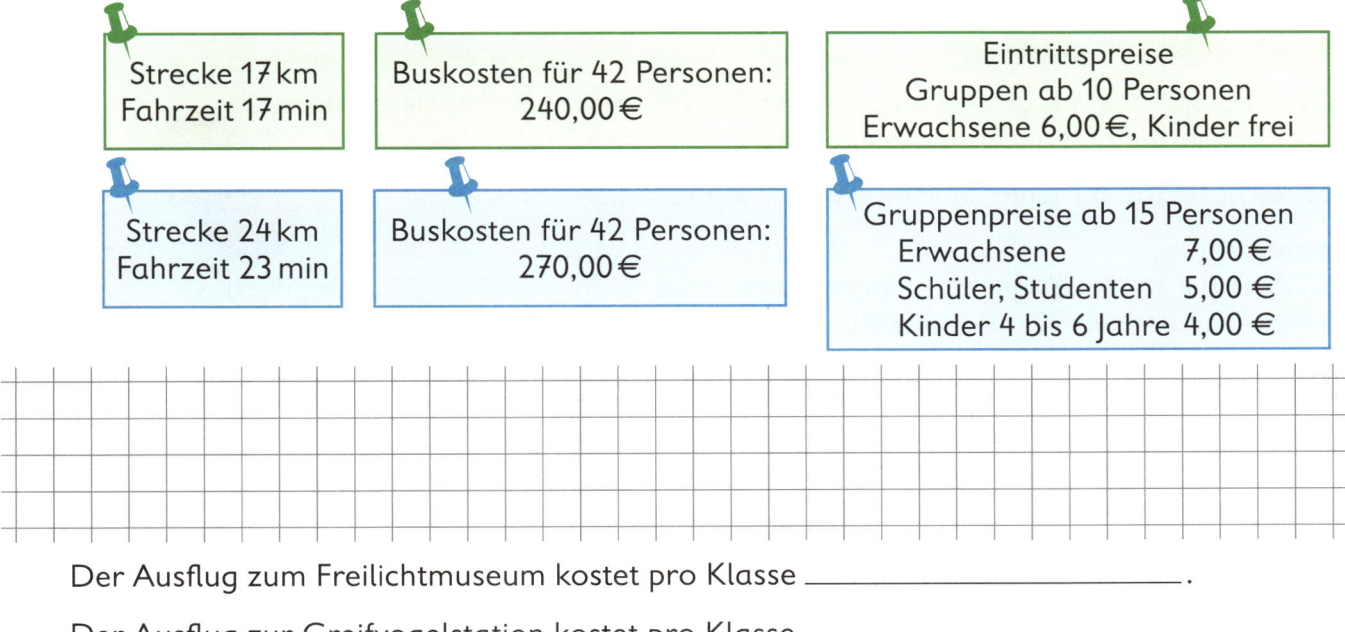

Strecke 17 km
Fahrzeit 17 min

Buskosten für 42 Personen:
240,00 €

Eintrittspreise
Gruppen ab 10 Personen
Erwachsene 6,00 €, Kinder frei

Strecke 24 km
Fahrzeit 23 min

Buskosten für 42 Personen:
270,00 €

Gruppenpreise ab 15 Personen
Erwachsene   7,00 €
Schüler, Studenten   5,00 €
Kinder 4 bis 6 Jahre 4,00 €

Der Ausflug zum Freilichtmuseum kostet pro Klasse _____.

Der Ausflug zur Greifvogelstation kostet pro Klasse _____.

Aufgaben für Super M-Fans – Rechnen und Spielen

Felder erobern mit Quadraten – ein Spiel für 2 bis 4 Mitspieler

Zahlentafel

2	4	6	8	1	9
4	8	7	3	6	5
5	3	2	6	9	4
7	9	6	3	1	8
8	3	9	2	5	7
4	1	5	2	7	1

Ziel des Spiels ist es, aus Quadraten der Zahlentafel möglichst viele Felder der Hundertertafel als Ergebnisfelder berechnen zu können.

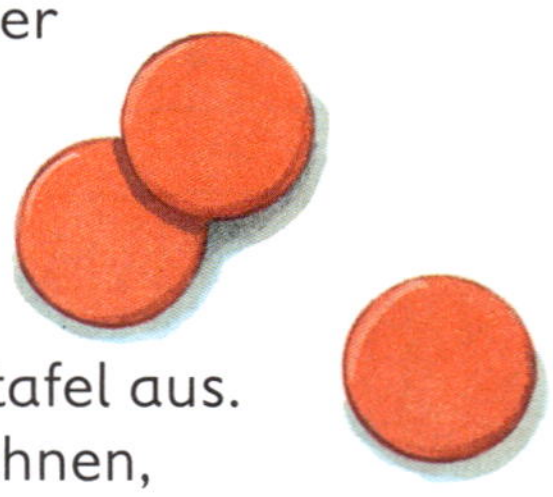

Spielmaterial: für jeden Spieler etwa 30 Plättchen einer Farbe

Spielregeln:
- Suche dir ein beliebiges Zahlenquadrat aus vier Zahlen auf der Zahlentafel aus.
- Bilde mit den vier Zahlen eine Aufgabe. Du darfst + , − , · oder : rechnen, aber jede Zahl nur einmal benutzen.
- Belege in der Ergebnistafel das Ergebnisfeld mit einem Plättchen.
- Wenn das Ergebnisfeld schon besetzt ist, hast du Pech gehabt, und der nächste Spieler ist an der Reihe.
- Gewonnen hat der Spieler, der nach 20 Minuten die meisten Plättchen auf der Ergebnistafel liegen hat.

① Spiele das Spiel mit einem oder mehreren Partnern.

SB ▶ 120/121   E ▶ 61   A ▶ 61

Ergebnistafel

1	2	3	4	5	6	7	8	9	10
11	12	13	14	15	16	17	18	19	20
21	22	23	24	25	26	27	28	29	30
31	32	33	34	35	36	37	38	39	40
41	42	43	44	45	46	47	48	49	50
51	52	53	54	55	56	57	58	59	60
61	62	63	64	65	66	67	68	69	70
71	72	73	74	75	76	77	78	79	80
81	82	83	84	85	86	87	88	89	90
91	92	93	94	95	96	97	98	99	100

② Aus einem Quadrat kannst du viele verschiedene Ergebnisse berechnen.
Finde für jedes Zahlenquadrat mehrere Beispiele. Notiere sie in deinem Heft.

$4 \cdot 6 + 8 + 7 = 39$
$4 + 6 + 8 + 7 = 25$
$4 + 6 + 8 \cdot 7 = 66$
$4 + 6 + 8 - 7 = 11$
$6 - 4 + 8 - 7 = 3$
$6 \cdot 8 + 7 - 4 = 51$

③ Findest du ein Quadrat, mit dem du die 99 berechnen kannst?

SB ▶ 120/121 E ▶ 61 A ▶ 61

57

Aufgaben für Super M-Fans – Rechnen und Knobeln

① Ali hat die ▢ **AAL**-Zahlen ▢ erforscht und ▢ **AAL**-Aufgaben ▢ untersucht.

Dabei hat er viele Entdeckungen gemacht.
Experimentiere auch mit **AAL**-Zahlen in deinem Heft.

a) Suche viele verschiedene **AAL**-Zahlen
und schreibe sie auf Notizzettel.
Wie viele verschiedene findest du?
Vergleicht in eurer Tischgruppe.

AAL-Zahlen

8	8	2		7	7	9
4	4	5		2	2	9

b) Du hast die Ziffernkärtchen von 0 bis 9.

Wähle zwei Ziffern aus und bilde daraus
die beiden **AAL**-Zahlen. Rechne eine **AAL**-Aufgabe,
indem du die kleinere von der größeren Zahl subtrahierst.

AAL-Aufgaben

	8	8	2			7	7	3
−	2	2	8		−	3	3	7

c) Bilde viele verschiedene **AAL**-Aufgaben,
schreibe sie auf Notizzettel und rechne sie aus.

d) Vergleicht die gefundenen Aufgaben in eurer Tischgruppe. Was fällt euch auf?
Notiert eure Vermutungen und überprüft sie an weiteren Aufgaben.

② Lena ist lange Zeit nicht mehr mit ihrem Fahrrad gefahren.
Als sie es an einem warmen Tag wieder benutzen will, fällt ihr
der dreistellige Zahlencode, mit dem sie es gesichert hat,
nicht mehr ein. Sie erinnert sich aber noch, dass sie die Ziffern
ihrer Schulbuslinie 628 verwendet hat.

a) Wie viele Möglichkeiten muss Lena höchstens ausprobieren,
um ihr Fahrradschloss zu öffnen? Notiere sie.

b) Ihre Freundin Maria hat das gleiche Fahrradschloss. Sie sagt:
„Ich habe es einfacher als du. Ich nehme immer nur drei gleiche Ziffern,
dann muss ich weniger ausprobieren."
Stimmt das? Überprüfe Marias Möglichkeiten.

Aufgaben für Super M-Fans – geometrische Knobeleien

① Versuche mit deinen Pentominos ein Kalenderblatt so abzudecken, dass möglichst wenige Tagesfelder frei bleiben.

Mo	Di	Mi	Do	Fr	Sa	So
1	2	3	4	5	6	7
8	9	10	11	12	13	14
15	16	17	18	19	20	21
22	23	24	25	26	27	28
29	30	31	August			

Achtung! Die Pentominos dürfen sich nicht überlappen.

② a) Es gibt viele verschiedene Lösungen, bei denen genau ein Tagesfeld leer bleibt. Zeichne einige auf. Wie viele Pentominos hast du benutzt?

Mo	Di	Mi	Do	Fr	Sa	So
1	2	3	4	5	6	7
8	9	10	11	12	13	14
15	16	17	18	19	20	21
22	23	24	25	26	27	28
29	30	31	August			

Mo	Di	Mi	Do	Fr	Sa	So
1	2	3	4	5	6	7
8	9	10	11	12	13	14
15	16	17	18	19	20	21
22	23	24	25	26	27	28
29	30	31	August			

Mo	Di	Mi	Do	Fr	Sa	So
1	2	3	4	5	6	7
8	9	10	11	12	13	14
15	16	17	18	19	20	21
22	23	24	25	26	27	28
29	30	31	August			

b) Schaffst du es, ein Monatsblatt von November (30 Tage) ohne Lücke auszulegen?

Mo	Di	Mi	Do	Fr	Sa	So
	1	2	3	4	5	6
7	8	9	10	11	12	13
14	15	16	17	18	19	20
21	22	23	24	25	26	27
28	29	30	November			

SB ▶ 124/125 E ▶ 63 A ▶ 63

Das kann ich jetzt – Addition/Subtraktion

Rechne aus. Überlege vorher: im Kopf oder schriftlich?

① a) 429 + 340 = _____ b) 345 + 182 = _____ c) 277 + 598 = _____ d) 222 + 666 = _____

e) 175 + ____ = 1000 f) 386 + 437 = _____ g) 670 + 330 = _____ h) 299 + ____ = 1000

② a) 850 − 530 = _____ b) 724 − 367 = _____ c) 888 − 246 = _____ d) 1000 − 997 = _____

e) 645 − 376 = _____ f) 821 − 493 = _____ g) 995 − 450 = _____ h) 702 − 399 = _____

③ Zahlenmauern

a)
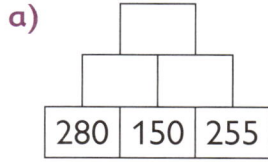

280 | 150 | 255

b)

199 | 201 | 203

c)
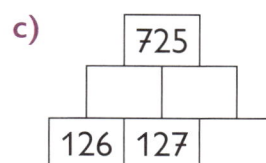

725

126 | 127 |

d)
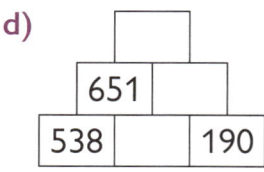

651

538 | | 190

④ Notiere die passende Aufgabe und rechne aus.

a) Bilde die Summe aus 478 und 253.

b) Bilde die Differenz aus 478 und 253.

c) Subtrahiere 199 von 500.

d) Addiere 639 und 179.

Das kann ich jetzt – Multiplikation/Division

① Zehnerzahlen multiplizieren – rechnen oder auswendig wissen.

a) 4 · 60 = _____   b) 6 · 90 = _____   c) 5 · 90 = _____   d) 3 · 30 = _____

4 · 70 = _____   7 · 80 = _____   6 · 80 = _____   5 · 50 = _____

4 · 80 = _____   8 · 70 = _____   7 · 70 = _____   7 · 70 = _____

4 · 90 = _____   9 · 60 = _____   8 · 60 = _____   9 · 90 = _____

② Durch Zehnerzahlen dividieren. Vervollständige die Päckchen.

a) 350 : 70 = ___   b) 120 : 40 = ___   c) 240 : 60 = ___   d) 540 : 60 = ___

420 : 70 = ___   200 : 40 = ___   280 : 70 = ___   630 : 70 = ___

____ : 70 = ___   280 : 40 = ___   320 : ___ = ___   720 : ___ = ___

____ : ___ = ___   ____ : ___ = ___   ____ : 90 = ___   ____ : 90 = ___

Jedes Päckchen zeigt ein anderes Muster. Beschreibe zwei dieser Muster.

_____

_____

③ Hin und her rechnen.

a) 6 · ____ = 540   b) 300 = 5 · ____   c) 180 : ____ = 3   d) 7 = 560 : ____

3 · ____ = 270   490 = 7 · ____   ____ : 90 = 8   3 = ____ : 90

7 · ____ = 350   480 = 6 · ____   640 : ____ = 8   9 = ____ : 60

9 · ____ = 630   360 = 4 · ____   ____ : 70 = 6   5 = 450 : ____

④ Veränderungen nutzen.

a) 2 · 200 = _____   b) 16 · 24 = _____

4 · 100 = _____   8 · 48 = _____

8 · 50 = _____   4 · ___ = _____

16 · 25 = _____   2 · ___ = _____

⑤ a) Wenn du meine Zahl durch 4 dividierst, erhältst du das Doppelte von 25.

Max

b) Meine Zahl ist doppelt so groß wie der Quotient aus 550 und 50.

Nele

⑥

Schreibe als Zahlenrätsel:
26 · ___ = 520

Das kann ich jetzt – Geometrie

① Vervollständige die Figur an der Symmetrieachse. Benutze ein Lineal.

a)　　　　　　　b)　　　　　　　c)

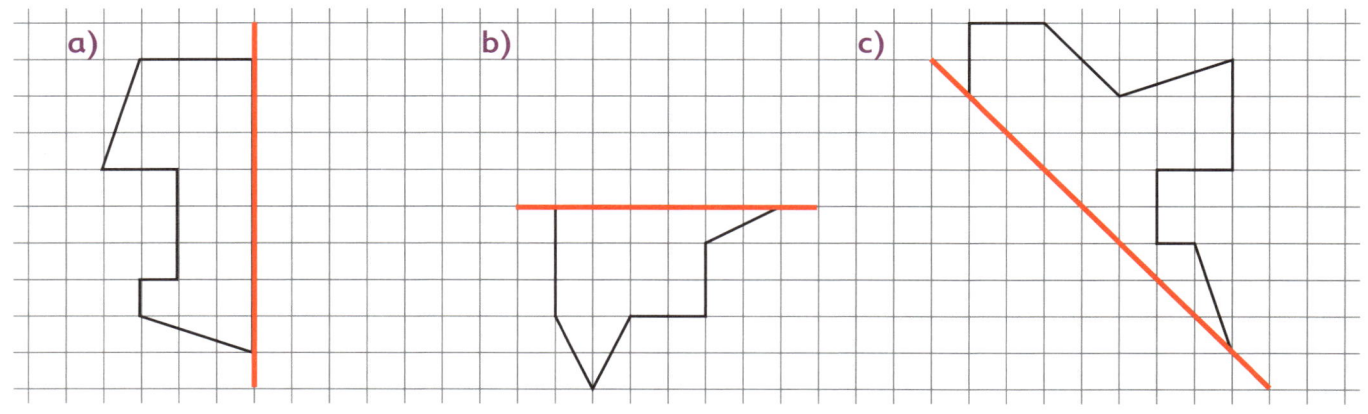

② a) Vergrößere im Maßstab 2:1.

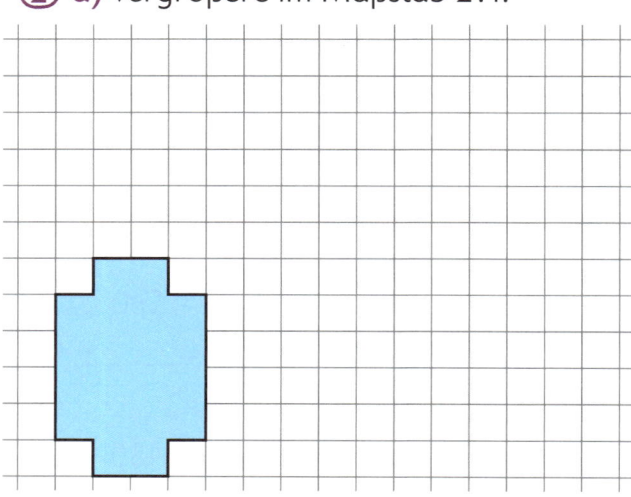

b) Verkleinere im Maßstab 1:2.

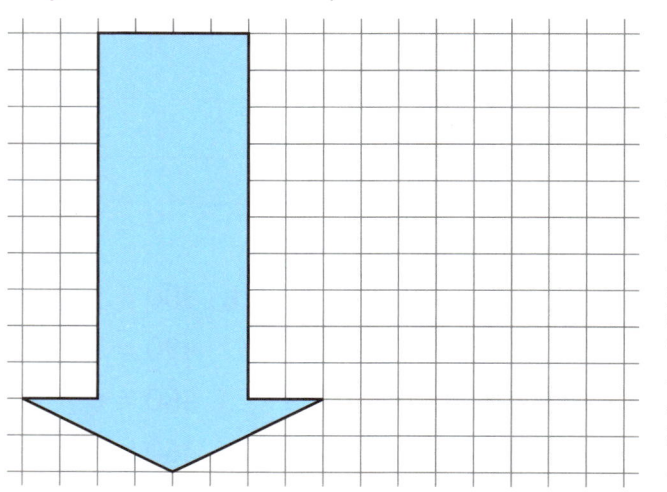

③ Wer sieht was?
　Ordne die Baupläne den Kindern zu.

	1	
	1	
2	1	1

_____

1	1	2
	1	
	1	

_____

		1
1	1	1
		2

_____

2		
1	1	1
1		

_____

Jonas

Lisa

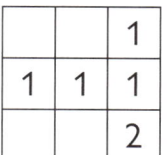

Anna

Max

SB ▶ 130/131　E ▶ 64　A ▶ 64

Das kann ich jetzt – Längen, Zeit/Gewichte, Volumina

Längen

① Wandle um.

a) 134 cm = __ m ____ cm = _____ m

____ cm = 6 m 35 cm = _____ m

____ cm = __ m ____ cm = 7,83 m

b) 228 mm = ____ cm __ mm = _____ cm

____ mm = 18 cm 4 mm = _____ cm

____ mm = ____ cm __ mm = 31,7 cm

c) _____ m = __ km ____ m = 7,830 km

3 470 m = __ km ____ m = _____ km

_____ m = 5 km 23 m = _____ km

Zeit

② a) Wie viel Zeit liegt dazwischen? Vergleiche die beiden möglichen Zeitspannen.

Von 6.27 Uhr bis _____ Uhr sind es _____.

Von 6.27 Uhr bis _____ Uhr sind es _____.

Der Unterschied zwischen den Zeitspannen beträgt genau _____.

b) Fülle beide Tabellen aus. Vergleiche.

Stunden	$\frac{1}{4}$	$\frac{1}{2}$	$\frac{3}{4}$	1	1,5	2	3	4	5	12
Minuten				60						

Minuten	$\frac{1}{4}$	$\frac{1}{2}$	$\frac{3}{4}$	1	1,5	2	3	4	5	12
Sekunden			60							

Gewichte

③ a) Wandle um. 1 750 g = __ kg ____ g = _____ kg

_____ g = __ kg ____ g = 0,400 kg

_____ g = 4 kg 30 g = _____ kg

b) Setze ein: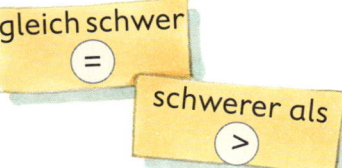

gleich schwer
=

leichter als
<

schwerer als
>

400 g ◯ 0,040 kg   250 g ◯ 0,040 kg

78 g ◯ 0,8   kg   86 g ◯ 0,8   kg

615 g ◯ 0,615 kg   62 g ◯ 0,615 kg

83 g ◯ 0,83   kg   830 g ◯ 0,83   kg

Volumina

④ Wandle um.   _____ ml = 4 l 680 ml = _____ l

____ ml = __ l ____ ml = 7,750 l

820 ml = __ l ____ ml = _____ l

Das kann ich jetzt – Sachrechnen

① Wer wird Beste(r) beim Schlagballweitwurf?
Jan, Tim, Anna und Lea haben beim Schlagballweitwurf
die besten Ergebnisse ihrer Klasse erreicht. Jedes Kind hatte drei Versuche:

Im ersten Versuch haben Anna und Lea gleich weit geworfen, 50 cm mehr als Tim,
der genau 17 m schaffte. Bester im ersten Versuch war Jan.
Gegenüber Tim erzielte er einen Vorsprung von 11 m.

Tim erzielte im 2. Versuch mit 31,5 m seine persönliche Bestleistung,
genau 10 m mehr als Anna in ihrem 2. Versuch. Lea schaffte im 2. Versuch
2 m weniger als Anna, aber 1 m mehr als Jan.

Im 3. Versuch konnte Lea sich noch einmal um 1 m steigern.
Anna blieb im letzten Versuch 6 m unter ihrer Weite vom 1. Wurf.
Im letzten Versuch erreichte Jan seine größte Weite. Er warf 30,5 m weit, 4 m weiter als Tim.

a) Fülle die Tabelle aus.

	Anna	Lea	Jan	Tim
1. Wurf				
2. Wurf				
3. Wurf				
Summe				

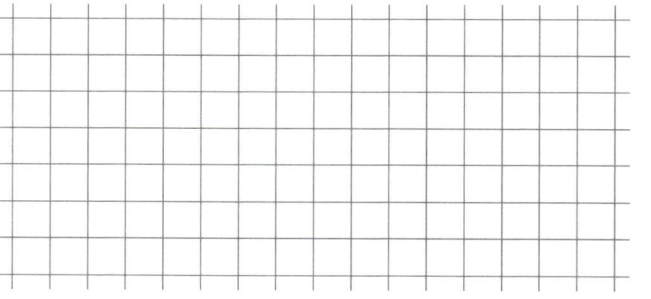

b) Wer erzielte beim ersten Versuch die größte Weite? _____

c) Wem ist der weiteste Wurf gelungen – bei den Mädchen? _____

– bei den Jungen? _____

– von allen? _____

d) Bilde für jedes Kind die Summe der drei Wurfergebnisse.

Wer wird bei diesem Vergleich Sieger? _____

② Trage die fehlende Angabe ein. Schreibe auf, wie du rechnest.
Eva hat für eine Reithose schon 69 € gespart.

Ihr fehlen noch _____ €.
Wie teuer ist die Reithose? Die Reithose kostet 84 €.

③ Welche Geschichte passt zur Rechnung? Unterstreiche.

84 : 6 Tom liest ein Buch mit 84 Seiten in 6 Tagen.

Tom liest ein Buch mit 84 Seiten. Täglich schafft er 14 Seiten.

Tom liest ein Buch mit 84 Seiten. Am ersten Tag liest er 6 Seiten.

Schreibe einen eigenen, passenden Text.

_____

SB ▶ 134/135 E ▶ 64 A ▶ 64